Tulip

チューリップの文化誌

シーリア・フィッシャー 著
Celia Fisher

駒木 令 訳

花と木の
図書館

原書房

［……］は訳者による注記である。

ロ　シ　ア
カザフスタン
アルタイ山脈
バルハシ湖
アラル海
ソグディアナ
フェルガナ
盆地
ウズベキスタン
タシケント
アルマトイ
天山山脈
キルギス
サマルカンド
トルクメニスタン
ブハラ
タジキスタン
アシガバート
パミール・アライ山脈
中　国
ヒンドゥークシ山脈
ヘラート
カーブル
カシミール
アフガニスタン
チベット
イラン
ヒマラヤ山脈
ネパール
パキスタン
インド
アラビア海

N
0
400
km
ロ　シ　ア
クリミア
黒　海
コーカサス山脈
カスピ海
エディルネ
（アドリアノープル）
イスタンブル
アンカラ
エルズルム
トルコ
アゼルバイジャン
イズミル
トロス山脈
コンヤ
タブリーズ
アルボルズ山脈
テヘラン
シリア
ソルターニーエ
（スルタニヤ）
クレタ
キプロス
イラク
シーラーズ
© S.Ballard (2016)

赤いチューリップ

第1章　野生のチューリップ

昔々――すばらしい物語のはじまりがすべてそうであるように――チューリップに名前はなく、遠い異国の山岳地帯の谷間や斜面に自生していた。球根は厳寒の冬や灼熱の夏によく耐え、やわらかな日差しと雨が降りそそぐ春になると花を咲かせた。多種多様な色や形や大きさや、それぞれに固有の特徴は、環境がはぐくんだものであるにしろ、「生の喜び」そのものを映しだしているように思える。この花のように、人々にこよなく愛され、広く流通してさかんに品種改良されている植物の起源をたどるとき、植物学者はもっとも多様な野生種が存在する地域におもむく。チューリップの場合、それは天山《テンシャン》山脈からパミール・アライ山脈に続く地域で、中央アジアを数千キロにわたって東西に走るこの山岳地帯には、ウズベキスタン、キルギス、タジキスタンなどの国々がある。こうした秘境性も、この花物語の神秘的な要素のひとつといえるだろう。

この広大な地域には古来、中国と西洋をつなぐ交易路網があった。一般にシルクロードと総称される交易路網にはおおぜいの商人が行きかい、さまざまな商品を運んだ。そのなかには家畜や植物、

ツリパ・フェルガニカ。キルギスの渓谷にて。天山山脈、パミール・アライ山脈、ウズベキスタンのフェルガナ地方にも自生する。

果樹はもちろんのこと、おそらくチューリップもあっただろう。2種類のチューリップ、ツリパ・フェルガニカ（*Tulipa ferganica*）とツリパ・ソグディアナ（*Tulipa sogdiana*）は、古代の地名が学名の由来となっている［植物の分類では、前半の「ツリパ」が属名（ラテン語でチューリップ属の意）、後半が種名である］。ウズベキスタン東部のフェルガナ（巻頭の地図参照）はシルクロードの中央部に位置し、中国人はこの地で得た汗血馬《かんけつば》——おそらくアラブ種の良馬——を「天馬」の子孫と呼んだ。ソグディアナとは、西方でペルシア帝国と接していた地域のことである。その中心都市サマルカンドでとれる「金の桃」を中国の詩人は不老不死の妙薬とうたった。[1]

　フェルガニカの花は黄色で、花びらの外側はやわらかな赤褐色をしている。ソグディアナはずっと小ぶりだ。白い花びらの外側は淡い紫にけぶり、花の中心——花底《かてい》部——が黄色い。多くの野生種

ツリパ・ソグディアナ。ウズベキスタンの古都ヒヴァ近郊のキジルクム砂漠にて。

と同様に、どちらも1本の茎が枝分かれして、複数の花をつけることがある。花は小さな星状だ。ツリパ・トゥルケスタニカ（*T. turkestanica*）は、もう少しあとの時代の地名が学名になった。ソグディアナの近縁なので、色合いも同じである――乳白色の花の外側はくすんだ紫色をおび、中心の黄色は大きい。見分けるコツは、いやなにおいがすることだ。やはり枝咲き性で多数の花をつけるところは、ツリパ・ビフローラ（*T. biflora*）――広く分布するビフローラ系のもとになったチューリップ――にとてもよく似ている。西洋の園芸界でもっともよく知られているビフローラ系の原種チューリップは、天山山脈のシルクロードの北東部に自生するツリパ・タルダ（*T. tarda*）と、イランとアフガニスタンが原産地のツリパ・ポリクローマ（*T. polychroma*）である。現在ポリクローマは独立種ではなく、ビフローラの変異と考えられている。

　こうした差異は、辺境へおもむいて植物採集につとめたプラントハンターたちがこれらの地域を熱心に探査しはじめた19世紀以降、続々とあきらかになってきた多様性（混乱とはいうまい）の一端にすぎない。植物学者は、あるチューリップが独立種なのか、なにかの種のたんなる変異なのか、どのように決めるのだろう？　たぶん誰もが同意してくれると思うが、答えを出すのはむずかしく、さまざまな異論が存在する。旧ソ連のチューリップの権威A・I・ヴヴェデンスキーは１９３５年に、「チューリップ属の研究にはおびただしい障害がある」と述べた。[2] チューリップは順応しやすく、雑種を生じやすく、しかも染色体数を変えさえする。チューリップの種の名前はゆうに３００を超えるが、ほんとうの独立種はおそらく80を下まわるだろう。その一方、今後も新たな種が発見される可能性はある。たとえば、ツリパ・キンナバリナ（*T. cinnabarina*）。これはトルコ南部のトロス山脈に自生する紅色の小形チューリップで、2000年に報告され、ツリパ・オルファニデア（*T. orphanidea*）やツリパ・シルウェストリス（*T. sylvestris*）などの系統とはまったく異なる、新しい種として認定された。またアルバニアでは、2010年に赤もしくは黄色の花を咲かせるツリパ・アルバニカ（*T. albanica*）という種が見つかった。これは、分布域が広く花色の多彩なツリパ・シュレンキー（*T. schrenkii*）の仲間である。

チューリップの物語には、宝さがしの要素すべてがあるといっていい。ふだんは目に見えない地下の部分にもそれぞれのチューリップの特徴がひそんでいる。球根表面を覆う茶色の被膜は外皮と呼ばれ、革のように厚いものや、紙のように薄くてもろいものがある。また、外皮の内側に球根を保護する毛が生えているものもあり、毛の特徴で種の類縁関係が推測できる。たとえば、ツリパ・クルシアナ（*T. clusiana*）の系統（ツリパ・モンタナ *T. montana* やツリパ・リニフォリア *T. linifolia* など）は、外皮のてっぺんから毛がはみ出すほど層状に密生している。17世紀前半、イギリスの本草学者《ほんぞうがくしゃ》［薬草学にくわしい人］・植物学者・造園家のジョン・パーキンソンは次のように述べた。

> このめずらしいチューリップはごく最近知られたばかりである……球根は小さい。そして厚くてかたい、黒みがかった殻というか表皮に覆われており、殻の上下には黄色っぽい毛のかたまりがある。[3]

ムガル帝国時代のカシミールでモスクの屋上をいろどったと思われる緋色の花、ツリパ・ラナータ（*T. lanata*）は、外皮の内側のやわらかな毛にちなんで命名された［ラナータはラテン語で「羊毛で覆われた」の意］。ツリパ・ユリア（*T. julia*）やツリパ・アゲネンシス（*T. agenensis*）などの毛はフェルト状をしている。また、ツリパ・フォステリアナ（*T. fosteriana*）やツリパ・アイヒレリ（*T. eichleri*）のように、まばらで直線的なクモの巣状の毛の場合もある。球根内部には翌年の生育に必要なエネルギーがたくわえられており、子孫を増やすため、毎年新しい球根をつくらなければならない。たいてい、球根の底部にひとつかふたつのスペアができる――これが子球《しきゅう》と呼ばれるもので、親球のクローンである［チューリップは子球が分かれる「分球《ぶんきゅう》」で球根が増える。花が散って葉が枯れる頃に親球は消滅する］。種によっては、小さな新球が牽引根《けんいんこん》を伸ばして親球から離れ、地下にもぐっていくことがある。このように地中を逃げていく新球は――ツリパ・カウフマニアナ（*T. kaufmanniana*）などでよく見られる――ドロッパー（垂下球）と呼ばれる（チューリップは種子からも発芽するので、この現象は実生《みしょう》がだめだった場合の自己防衛手段である）。子球を水平方向に送る種もある。種子よりもこの形態で繁殖することが多いものを匍匐性《ほふくせい》という――ツリパ・クルシアナ（*T. clusiana*）、サクサティリス（*T. saxatilis*）、シルウェストリス、タルダなどがこれにあたる。ほかの変わった繁殖の例としては、葉と茎のあいだの腋《えき》に小球根をつけるツリパ・フーギアナ（*T. hoogiana*）がある（花は深紅で花底部が黒い）。

　チューリップの葉は茎から互い違いに出てくる。地表近くにロゼット状に広がるものもあれば、茎から離れて広がるものもある。ふつうは長くて薄く、なかには飛び抜けて長い葉をつける種類もあり、たいてい灰色がかった緑色をしている。表面は光沢があったりなかったりするが、ときには

ロンドン南西部のキュー王立植物園（キューガーデン）に咲くツリパ・サクサティリス。フミリス系（サクサティリス系ともいう）のチューリップのうち、もっとも早く17世紀前半にヨーロッパにもたらされた。

サクサティリスのようにあざやかな緑の葉も認められる。まれにはツリパ・グレイギー（*T. greigii*）やアイヒレリのように、葉に斑点や筋が入っているものもある。中国の天山山脈東部に自生する薄黄色のチューリップ、ツリパ・テトラピュッラ（*T. tetraphylla*）は「4枚の葉」という意味だが、葉が4枚というのはめったにない。この種は茎の根元から、多ければ7枚もの葉を出すからである。葉の縁が愛らしく波うつ種は、とくにきびしい環境で見られることが多い。しかしこの適応特性は、環境がよくなったり、栽培されたりすると失われがちになる。花全体の形は卵形から三角形まで幅広く、花びらも丸かったりとがっていたりとさまざまで、花は一日のあいだに自然に開閉運動をする「チューリップの開閉は光ではなく温度変化による「傾熱性《けいねつせい》」とされる」。しかし大別すれば、花びらが広いカップ状の花（シュレンキーやフォステリアナなど）と、漏斗《ろうと》状の花に分けることができる。優美の化身たるチューリップを形容するにはいささかロマンティックさに欠けるが、許してもらいたい。漏斗状の花は細長く、先端と基部のあいだに「ウエスト」と呼ばれるかすかなくびれがある。サクサティリス、シルウェストリス、ビフローラなどがこれにあたる。

さて、花の毛の有無を見てみよう。ドイツの植物学者・園芸学者のエドゥアルト・レーゲルは、19世紀後半にロシアのサンクトペテルブルク植物園長になった人物で、チューリップ属の特徴を調べる研究でも大きな足跡を残し、花糸《かし》（おしべの先端の葯《やく》——花粉のあるところ——を支える糸状の部分）に毛があるかないかによって、チューリップをふたつのグループに大別した。属の下位区分をつくるための試みだったものの、近年のDNA分析技術と花粉の研究により、この全体的分類法が的を射ていることがわかってきた。ひとつは「エリオステモネス（有毛のおしべ／花糸有毛）」のグループで、花糸のまわりにふわふわした毛があり、ビフローラ系、サクサティリス、シルウェストリスなどがこれに含まれる。もうひとつのグループは「レイオステモネス（無毛のおしべ／花糸無毛）」で、花糸に毛がなく、これにはクルシアナ、シュレンキー、ツリパ・プラエスタンス（*T. praestans*）などがある。

花の内部をもう少し探ろう。おしべは6本。色は金色から黒まで、種類によってさまざまだ。また、花粉の色も多種多様である。薄紫の花びらのツリパ・ベイケリ（*T. bakeri*）はオレンジ色。ピンクと白のクルシアナは濃い紫色。ブロンズ色のツリパ・ハゲリ（*T. hageri*）（ギリシャのパルナッソス山の斜面で初めて発見された）はオリーブ色。一方、めしべの柱頭《ちゅうとう》と花柱《かちゅう》（柱頭についた花粉を受け取り、種子をみのらせる子房《しぼう》へ送る働きをする）は、ふつう、チューリップの種類の決定にかかわるほどの形態的特徴はない。唯一の例外はツリパ・オリテュオイデス（*T. orithyoides*）（トルキスタン原産、ビフローラ系に属する）で、おしべの上まで伸びる長い花柱がしだいにくちばし状に変化することから学名がつけられた。

繁殖の主役はおしべとめしべだとしても、やはり花全体の外観が注意を引きつけるポイントになる。自然もそのことがよくわかっていて、昆虫の活動が活発になる春にチューリップの受粉がおこなわれるようにした。基本的にチューリップの花びらは6枚で、花の基部を取り巻く「がく」はない。しかし内側と外側の花びらの成り立ちは異なり、外側の3枚は「がく」が花びら様に変化したものである。厳密には、このように「がく」と「花弁」の見分けがつかない花びらのことを「花被《かひ》片《へん》」――無数の植物専門用語のひとつ――という。内外の花びらの変化に富んだ美しさが、原種系チューリップの大きな魅力だ。内と外では、長さに微妙な長短がある。たいていの場合、外花被片（つまり外側の花びら）は細めで、その外面が別の色をおびる。たとえば、ビフローラ系チューリップの花は白か乳白色で、外面は紫や緑がかった灰色である。クルシアナとカウフマニアナには白と黄の花色があり、外面が赤や紫になる。また、あざやかなオレンジ色のオルファニデアは、外面が濃いクリーム色に輝いたり、緑に染まったりする。園芸品種のなかでは、ビリディフローラ系が野生種の祖先から緑の縞を受け継いでおり、ピンクや赤、黄、白の花びらに独特のいろどりを添える。

チューリップがこれほどさかんに採集されたり栽培されたり、おびただしい数の種名ができたりしたのは、ひとえに花色の多様性にある――とはいえ、花色はあまり分類上の助けにならない。と

ツリパ・トゥルケスタニカ。ビフローラ系チューリップの典型例。カザフスタンのアクス＝ジャバグリ自然保護区にて。

いうのも、あるチューリップ種の単一コロニーであっても、驚くほど色の変化に富んでいるからだ。その代表が、コーカサス地方［カフカスともいい、ロシア南西部、ジョージア（旧グルジア）、アゼルバイジャン、アルメニアにわたる地域］原産のシュレンキーである。このチューリップはワインレッド、ピンク、白、黄と、色とりどりの花を咲かせるばかりか、花びらの縁が別の色になるというおまけまでつく――その魅力に誰があらがえただろう。さかんに栽培や交配がおこなわれながら、この花がヨーロッパに西進してきたのは必然だった。1805年、「カーティス・ボタニカル・マガジン」の執筆者は、シュレンキーの絵に次のような言葉を添えた。

大きな花壇に咲くこのチューリップを見ると満ち足りた思いがする。緋色と金色のカーペットが広がり、太陽の光を浴びて燦然と輝くさまはまばゆいばかりで、想像を絶するほどだ。[4]

かつては、このチューリップの園芸品種がかすかな芳香を放っていたことから、ツリパ・スアウェオレンスと名づけられていた時期もあった。その特徴はいつしか失われたが、シュレンキーは現在の園芸品種の主要な祖先のひとつと考えられている。

通常、チューリップの中央部にはコントラストの強い、花びらとは別の色がついており、見た目どおり「花底部の斑紋《はんもん》」と呼ばれる。乳白色のビフローラ系とピンクもしくは赤紫色のサクサティリス系の場合、斑紋はあかるい黄色で、花びらの大部分を占め、開花すると星状に見える。もっとドラマティックなのは、赤いチューリップの多くに認められる黒い斑紋だ。その形が円に近いもの

ツリパ・シュレンキー（以前はツリパ・スアウェオレンスやツリパ・オドランテと呼ばれた。意味は「甘美な香り」）。ピエール＝ジョゼフ・ルドゥーテ『ユリ科植物図譜』（全8巻、1802 ～ 16年）。野生種でも園芸種でもときに認められる2色の特徴が描かれている。

の代表例は、ツリパ・アゲネンシス。黒い円の外周があざやかな黄色で縁取られることが多く、以前はツリパ・オクリスーソリス（*T. oculis-solis*、太陽の眼）と呼ばれた。花びら沿いに黒が広がる場合も、外周が黄色に縁取られる。ツリパ・ユリア、アイヒレリ、アルメナ（*T. armena*）、ラナータなどがそうだ。一方、ツリパ・フミリスの場合、斑紋が混乱のもとになった。これはサクサティリスに近い、星形の小さなチューリップで、薄いピンクや紅、赤紫の花を咲かせる。斑紋は黄色がふつうだが、ときには青や群青、紫になったり、白い縁取りがあったりする。あまりに多い偶然性を収拾するために、ツリパ・ウィオラケア（*T. violacea*）やツリパ・プルケッラという独立種ができたが、それらは現在、フミリスの変異と考えられている［諸説ある］。

こういった混乱を受けて、『チューリップ――ヨーロッパを狂わせた花の歴史』［白幡節子訳／大修館書店／２００１年］の著者アンナ・パヴォードは「チューリップは分類学を笑う」と記した。[5] また、１９４０年に『ツリパ属 *The Genus Tulipa*』（権威ある書だがチューリップの分類としてはもう古い）を著したダニエル・ホールは、次のように述べた。

> このグループは単一種の範疇にはいると考えるのが妥当だが、特定の地域においては分離が確立しており、個体の形態の均一性や繁殖力が保たれていることから、亜種と認定してよいかもしれない。種の決定にはつねに議論の余地が残されていなければならないが、地理的な分布とフィールドにおける変異の程度は重要視すべきである。[6]

ツリパ・プルケッラ。「カーティス・ボタニカル・マガジン」より（1877年）。フミリス系チューリップの一種。

郊外で集めたチューリップの球根をサマルカンドの市場で売る女性たち。大昔からの営みであり、当初チューリップはこの方法でも西方へ伝来していった。

　とはいえ、地理的分布には大きな問題がある。たとえばフミリス系、ビフローラ系、シルウェストリス系などは、アジア全域とヨーロッパにそれぞれの近縁種が存在する。また、人間を介して分布が広がったと思われる種もあれば、限定された地域でいまだに純粋性を保っている種もある。東方のふるさと――もっともチューリップの原種が多い山岳地帯――に目を向けると、チューリップの生育の北限は、モンゴルからシベリア南部、中国北西部、カザフスタン北東部にかけて広がるアルタイ山脈である。長い冬は凍えるほど寒く、短い夏は燃えるように暑い。山脈の名前がついたツリパ・アルタイカ（*T. altaica*）は、花色は黄、外側の外面は赤で、基部が刷毛ではいたような緑色をおびる。ツリパ・パテンス（*T. patens*）（広域に分布するシルウェストリスの近縁）もこの地域に自生する。花は白か淡い藤色で、外面は紫がかった緑、花底部の斑紋は黄色い。しかしパテンス

ツリパ・グレイギー。カザフスタンの天山山脈地域にて。中央アジアの赤いチューリップの代表。園芸品種に大きな影響をもたらした。この写真からも色の多様さがわかる。

の生育地はアルタイ山脈にとどまらず、西方に広がって、コーカサス地方の黒海南東部にも認められる。

アルタイ山脈の南には、キルギスとカザフスタンの国境から中国の新疆ウィグル自治区にかけて天山山脈が走っている。この地域には約4分の1ものチューリップ種が集中する。たとえば、ビフローラ系のツリパ・トゥルケスタニカ、タルダ、ビフロリフォルミス（*T. bifloriformis*）、ダシステモン（*T. dasystemon*）。また、アルタイカ種の近縁で、真っ黄色の花をつける優美な高山性チューリップ——葉の数の多いテトラピュッラ、イリエンシス（*T. iliensis*）のほか、近縁だが赤系の大きな花をつけるオストロフスキアナ（*T. ostrowskiana*）やコルパコフスキアナ（*T. kolpakowskiana*）などが自生している。とはいえ、いちばん有名なのはグレイギーとカウフマニアナだ。この2種類は故郷の高地からはるばると旅をしてヨーロッパの庭園に咲く花となり、その遺伝子から数々の園芸品種が生まれたからである。どちら

ツリパ・カウフマニアナ。英名をウォーターリリー（スイセンの意）・チューリップという。カザフスタンのアクス＝ジャバグリ自然保護区にて。もっとも広く栽培される種のひとつとなった。

も多彩な色の花を咲かせる性質をそなえており、一緒に自生している場合、交雑する傾向があることを1902年に収集家のヨハネス・ホーフが観察している。ホーフは園芸家のE・A・ボウルズへの手紙に「中間種ができるが、不思議なことに、グレイギーの影響は葉にしかあらわれないようだ」と書いた。[7] グレイギーの葉の特徴である紫褐色の虎斑は、現代品種に脈々と受け継がれている。

天山山脈の南東部には、パミール・アライ山脈がウズベキスタンとの国境を形成しつつタジキスタンに広がり、東にヒマラヤ山脈、南にアフガニスタンのヒンドゥークシ山脈をのぞむ。サマルカンドにもっとも近い山脈地帯には、フォステリアナ種が自生する。中央アジアのチューリップ属のなかでもっとも大きく、葉はつやつやとした光沢を放ち、太くて長い茎の上に真っ赤な花を咲かせる。花びらは丸い。日が昇って大輪の花が開けば、花糸も葯《やく》も黒いおしべと、黄色の縁取りをしたジグザグ状の黒い斑紋が花底部にあらわれる。この花は、20世紀の園芸品種として育種が進んだ豪華な原種チューリップトリオの3番目にあたり（代表的な園芸品種は「レッド・エンペラー」）、グレイギー種やカウフマニアナ種との交配もおこなわれた。園芸品種ダーウィン・ハイブリッド系の片親でもある（第8章参照）。ほかにこの地域で印象的な赤いチューリップとしては、ツリパ・プラエスタンスがあげられる。茎に数個の大きな花をつけることが多く、丸い花びらなのに先端がとがっているという、チューリップならではの特徴をそなえている。園芸品種も多いが、雑種形成はしない。パミール・アライ山脈にはビフローラ系も自生しており、子房がくちばし状になるオリテュオイデスなども見られる。

ふたたび南東へ進んでいこう。ヒマラヤ山脈はクルシアナ種の故郷だ。野生種のうち、もっとも広範に分布する種のひとつであり、最初期にヨーロッパに導入され、その美しい色の対比が収集家を熱狂させた。一般に花びらは白く、外側の花びらの外面が赤に近いピンクに染まり、尖端が純白に輝く。花の内部のコントラストにも気品があり、白い花びらに濃い紫のおしべと紫の斑紋が映える。どの地に行こうと、クルシアナは高山植物の可憐さとほっそりした優美さを保ち続け、「レディ・チューリップ（貴婦人のチューリップ）」の愛称がついた。最近縁種はパミール・アライ山脈のリニフォリアと、イラン山脈地帯のモンタナである。いずれも球根の外皮には毛が密生しているが、

深紅のツリパ・モンタナ。キュー王立植物園にて。中央アジア南西部のトルクメニスタンからイラン南西部のタブリーズにかけての山脈地帯が原産。近縁のクルシアナ種と同様、球根外皮の内側に毛が密生している。

近縁2種にはクルシアナのような色のバリエーションがない。

クルシアナの場合、黄金色の花びらで外面が煉瓦色、尖端が黄色の花がある。種名が無数に増えていた頃、これは独立した「ツリパ・クリサンタ（*T. chrysantha*」とされていたが、現在の分類では「クルシアナ変種クリサンタ」である（園芸品種では「クリサンタ」としてよく知られている）。その他の地域に見られる変異、つまり異なる特徴を持つものは、かつてはツリパ・ステッラタ（斑紋が黄色）（*T. stellata*）、ツリパ・オレオピラ（*T. oreophila*）、ツリパ・キトラレンシス（*T. chitralensis*）、ツリパ・グレイ＝ウィルソニー（*T. grey-wilsonii*）、ツリパ・アイチソニー（*T. aitchisonii*）などと呼ばれていた。

アイチソニーは矮性《わいせい》［その種の一般的な大きさよりも小形なまま成熟する性質］で、科学的な観点からひじょうに注目されており、クルシアナとは異なる種ではないか、いや、むしろこちらが「原形」なのではないかとさえいわれている。というのも、アイチソニー種を遺伝的に調べたところ、2倍体とわかったからだ。2倍体は野生種のチューリップではふつうであり、染色体数が「2n＝24」という意味である。しかし野生種によっては、3倍体（2n＝36）、4倍体（2n＝48）、ときには5倍体（2n＝60）のものもある。染色体数が倍々で増える――専門用語で「倍数性」という――場合、染色体数の多いチューリップほど種子繁殖力が低くなりやすい。これはクルシアナにもあてはまり、5倍体のクルシアナは匍匐《ほふく》枝で増える（種子ではなく、匍匐枝という水平方向に広がる根の先に新球根を作って発芽させる）。クルシアナにしろ、もちろん「種子をはらむ2倍体」が原初の姿であり、そこから変化していったに違いない。

しかし遠い祖先の姿がどうであれ、クルシアナはチューリップ属を代表する系統になった。自然界での分布領域は、白系の花も黄色系の花も、西はアフガニスタンを超え、イラン南西部の都市シーラーズ周辺まで広がる。実際、クルシアナが最初にヨーロッパにもたらされたときの名前は、「ツリパ・ペルシカ（*T. persica*）」だった。トルコや南ヨーロッパでも自生している場合があるが、これは栽培種が自然界に帰化したものと考えられている。

ツリパ・シルウェストリスにも、分布領域と染色体数に同じような謎がある［シルウェストリスは「森林の」「野生の」の意］。シルウェストリス系チューリップの東限はアルタイ山脈で、ここにはコーカサス地方の高地にも咲く近縁のツリパ・パテンスが自生する。しかしシルウェストリスは高山性ではなく、原産地はあきらかではない。記録に登場するのは16世紀イタリアの自生種が最初だが、ブドウ畑などの農地周辺にかぎられていた。ヨーロッパから遠いところでは、イラン北西部の都市タブリーズで見つかった。1927年に発見されたときの報告にはこう書いてあった――「果樹園のみならず、ここではふつうに見られる。4月になると月末にかけて街頭で売られている」[8]。

このふたつの情報から貴重な手がかりが得られる。シルウェストリスは何世紀も前から春の花としての人気が高く、採集の対象となり、旺盛な（匍匐枝による）繁殖力で増えてゆき、やがて栽培植物になったのだろう。ヨーロッパでは、フランス、ドイツ、スイス、オランダ、イギリス、スウェーデンなどに自生の群落がある。ノルウェーでは港の近辺で見られる。バラスト［船を安定させるために船底に積む重量物］として土を載せていた船は、航海が終われば港の近くに土を捨てただろうから、そのなかに球根が混ざっていた可能性が高い。イギリスの群落は古代ローマ人がブドウの

ツリパ・シルウェストリス。キュー王立植物園にて。野生種シルウェストリス系（別名アウストラリス系）の名前のもとになった。中央アジアを越えてヨーロッパでも自生する。

木と一緒に運んできたものの子孫かもしれない。

だがもしそうだとしたら、シルウェストリスはきわめて魅力的な花であるにもかかわらず、長いあいだ記録に残されなかったことになる。かすかに漂うスパイシーな香り、尖端が――つぼみのときから――東洋風に軽く外側にそる黄色の花びら。花は丈高い茎の上でわずかに頭《こうべ》を垂れ、茎とともに揺れ、外面は灰色がかった緑の影をおびる。開き方はややしどけなく、花びらの枚数はときに8枚になることがある。花びらの数が多いという特徴や倍数体の染色体数（ヨーロッパでは4倍体）に加え、さまざまな国へさすらっていったために、野生種本来の姿はわからない。

シルウェストリスよりも小さいが、ひじょうによく似た黄色の花を咲かせるツリパ・アウストラリス（*T. australis*）は2倍体で、種子ができやすく、地中海諸国の高地や中央アジアに自生する。野生種らしい生態を保っており、これがシルウェストリスの先祖に違いないと議論されたこともあった。その可能性ゆえに、この系統全体は園芸界ではアウストラリス系と呼ばれるが、シルウェストリスは独自の地位を保ち続けている。

そのほか注目されるものとしては、アルジェリアに自生するツリパ・プリムリナ（*T. primulina*）がある。これはもっと華奢な感じの花で、乳白色の花びらの外面は紫がかった緑である。モロッコとスペイン南部のシルウェストリスは赤みが強い。アジア地域には、アウストラリス以外にも近縁種がある。ツリパ・ビエルベルスティニアナ（*T. bierbersteiniana*）は外面が緑褐色の黄色い花で、自然界におけるシルウェストリスの原形を探る手がかりになるだろう。イラン北西部のオルミエ湖［中東最大の湖（塩湖）で、ウルミエ湖もしくはウルミア湖ともいう］周辺に自生するツリパ・

ウルミエンシス（*T. urumiensis*）もよく似ている。シルウェストリス系のチューリップはすべて匍匐枝で増え、果樹園や草原、ブドウ畑などの耕作地によく適応する。

シルウェストリス系には、黄色のシルウェストリスやアウストラリスとは異なり、朱色で斑紋が濃いチューリップがある。その代表がギリシャを含む東地中海沿岸が原産のツリパ・オルファニデアで、松林を好み、シルウェストリスの微風にそよぐ感じや、東洋風の外観を共有する。染色体数も一定ではなく、2倍体や4倍体がある。その近縁種——亜種とみなす人もいる——のひとつが、トルコ西部（イズミルなど）原産のツリパ・ホイッタリー（*T. whittallii*）だ。シルウェストリスやオルファニデアのように花びらの尖端がとがり、外方にそるが、花全体の形はもっと丸く整い、色も美しい。花びらは黄褐色になまめかしく輝き、外面にクリーム色の衣をまとう。ツリパ・ハゲリも銅褐色の美女である。外面は緑か淡黄色、斑紋はオリーブグリーン。やはり地中海東部とギリシャ（パルナッソス山など）が原産で、たぶんオルファニデアの変異と考えられる。

オルファニデアには異名がたくさんあり、チューリップの種名が際限なく増えていった過程をよく示す。たとえばツリパ・トラキカ（*T. thracica*）やツリパ・ヘッレスポンティカ（*T. hellespontica*）は発見地にちなんで命名され、茎と子房に毛が多いという理由から独立種とされた。ツリパ・ドエルフレリ（*T. doerfleri*）の場合は、クレタ島で発見されたからだった。それと同様にツリパ・ゴウリミー（*T. goulimyi*）も、ギリシャの島々で見つかり、花底部の斑紋がないというのが理由だった。

こうした混乱の坩堝《るつぼ》のなかで、同じシルウェストリス系であるにしろ、ツリパ・シュプレンゲリ

（*T. sprengeri*）はきわだった個性を示す。ひじょうに丈が高く、可憐な橙赤色《とうせきしょく》の花をつけ、葉は草のように細長い。花びらはアーモンド形で両端がとがり、外面は黄味をおびたオリーブグリーンで、花底部の斑紋はない。おしべの花糸の長さが不揃いな点が、植物学者の注目を集めている。原産はトルコ北部のポントス山脈。開花の時期は遅く、6月になることもある。花が早咲きか、中生《なかて》か、遅咲きかは、野生種でも園芸品種でも独立種かどうかの決め手のひとつとされている。イギリスの庭園では、シュプレンゲリはほかのどの原種よりも容易に種子で増やすことができる。

さて、ふたたび原産地に目を向けてみよう。第1位は中央アジアの山岳地帯だが、それに次ぐ第2位は黒海とカスピ海のあいだのコーカサス地方である。ここも野生チューリップの宝庫だ。少なくとも数種類は、この地から西方のトルコとヨーロッパへ広がって――つまり運ばれて――いった。その筆頭にあげられるのが色とりどりの花を咲かせるシュレンキー種で、遠い昔から知られている。ほかには、サクサティリス系を代表するフミリス種がある。小さな花姿はクロッカスを思わせ、淡い藤色かピンクの花びらが星状に開き、花底部の斑紋とおしべは黄色い。

しかし異なる地域のサクサティリス系や、植物の特徴や色が異なるもの、とくに花底部の斑紋が紫や青のものは、すべてサクサティリス系の別種とされている。たとえばイラン原産のツリパ・オーシェリアナ（*T. aucheriana*）やツリパ・ウィオラケア、より赤が強いツリパ・クルディカ（*T. kurdica*）、トルコ原産のツリパ・プルケッラ。また、ツリパ・クレティカ（白にピンクの筋）（*T. cretica*）、ベイケリ、サクサティリスの3つはどれもクレタ島が原産だが、サクサティリスはトルコ南西部にも自生する。系統名が「サクサティリス」になったのは、これがもっとも早く17世紀に

ツリパ・シュレンキー。カザフスタンのコルガルジン自然保護区の湖沼地帯にて。野生種群落の色の多様性がよくわかる。

ヨーロッパに導入されたからである。

コーカサス原産のものとしては、中央アジアの赤い大形チューリップ（フォステリアナなど）に匹敵するようなツリパ・アイヒレリも注目される。朱赤色の花びらがやや内向きに湾曲しているため、開花すると鐘を逆さにした形になり、花底の黒の斑紋には黄色の縁取りがある。ツリパ・ユリアもこの地が原産の赤いチューリップだ。花は緋色で、黒色斑はやや緑がかっている。花びらの外面は、ほのかに白かったり、黄色みをおびていたりする。前者では花はピンクめき、後者ではオレンジっぽく見える。ユリアはイラン北部やトルコ東部にも自生する。中東各地にはさまざまな赤色、ときに黄色の近縁種――ツリパ・アルメナ、アレッペンシス（*T. aleppensis*）、プラエコクス（*T. praecox*）、シストラ（*T. systola*）など――が分布しており、バルカン半島には黄色のツリパ・ハンガリカ（*T. hungarica*）、キプロス北部にはツリパ・キプリア

ツリパ・フォステリアナ。ウズベキスタンのサマルカンド地域にて。中央アジアで最大の緋色のチューリップ。黒と黄色の花底部斑紋がよくわかる。

（*T. cypria*）などがある。キプリアも、特定の地域のみに自生するという理由で別種とされた例である。この花が「黒いチューリップ」と呼ばれるのは、ひとつには赤がひじょうに深いからであり、もうひとつには、けっして黒ではないものの、その麗しい色合いが17世紀オランダのチューリップ狂時代から連綿と今に続いている「暗い色のチューリップ」への願望を呼びさますからだろう。

チューリップには人を惹きつけてやまないところがあり、無数の異なる種を描写するのがどれほど複雑で専門知識を要するものであるにしろ、チューリップの本を書いた近年の作家たちはみな、自然界で特定の野生種を探すスリルを述べている。アンナ・パヴォードは『チューリップ――ヨーロッパを狂わせた花の歴史』の冒頭で、クレタ島でのツリパ・ベイケリ探索行を軽妙かつ詩的な筆致で述べた。[9] ダイアナ・エヴァレットは『ツリパ属 *The Genus Tulipa*』の水彩画を描くと同時に、満開の花々を求めておもむいた辺境の様子も書き記した。たとえば、ツリパ・レゲリーを描くために訪れたカザフスタン南東部アルマトイの西に位置する峡谷タムガリには、狩猟の様子や人々が輪になって踊る姿を巨岩に線刻した、先史時代の岩絵《いわえ》群がある。[10] リチャード・ウィルフォードは『チューリップ――園芸家のための野生種と交配種 *Tulips: Species and Hybrids for the Gardener*』で複雑な植物学的関係を整理するかたわら、次のように述べた。「この混沌をおわかりいただけたら、チューリップの名前を気にするのはやめにして、ただありのままの姿を楽しむほうがよいかもしれない[11]」

第2章 トルコのチューリップ

チューリップの収集、栽培、芸術的表現はすべて東方ではじまった。この主張は正しいことは正しいにしろ、微妙にあいまいな点がある。もっとも重要な位置を占めるのはトルコだが、チューリップが秘める魅力に気づいていたのは彼らだけではない。ペルシアの詩人やムガル帝国の皇帝もまた、チューリップを愛でたからである。ティムール朝サマルカンド政権フェルガナ地方君主の息子で、アフガニスタンのカーブルを本拠とした武将バーブルは16世紀前半にインドに侵攻し、ムガル帝国を建てた。征服した諸都市に宮殿と庭園をつくり、そこにかならずチューリップを植えよと命じた。そのために集められたのは、おそらく野生種だったに違いない。

バーブル自身、カーブルの平原に咲く33種類を記録に残している。のちに彼はサマルカンドにおもむき、チューリップの自生地を訪れた。彼のひ孫で第4代皇帝のジャハーンギールも数々の広大な庭園をつくったが、カシミールの庭をもっとも愛した。1620年、皇帝は「春を祝福する力が天地に満ち、丘や平原に花が咲きみだれ、たいまつのようなチューリップが門や壁、中庭や屋根を

ムガル帝国第5代君主シャー・ジャハーン［在位1625～1658年］の3人の息子を描いた絵。
縁飾りの花のなかにチューリップがある。金箔を貼った紙の水彩画。1635年頃。

輝かす」と述べている。[1] ジャハーンギールが好んだ花を描いた宮廷絵師ウスタード・マンスールの画集のなかに、緋色の花びらを広げたチューリップの絵がある。おそらくツリパ・ラナータだろう（高地のチューリップで、球根外皮内に生える羊毛のような毛が学名の由来である）。中央アジアのパミール・アライ山脈からカシミールにもたらされたあとは、よくモスクの屋上に植えられた。宗教的な意味合いからか、あるいは魔除けとして使われたのかもしれない。

東方には先史時代から、赤いチューリップにまつわる数々の伝説がある。自然がよみがえる春は、早急に儀式を執りおこなうべき時期だった。その重要な祭儀には生贄を捧げることもあったろう。冷たく荒れていた大地に咲く赤い花々は、力強い再生のしるしだった。古い伝説では、身分違いの姫シーリーンと恋に落ちて命を落とした青年ファルハードの血から、赤いチューリップが咲いたとされる。この伝承は12世紀ペルシアの大詩人ニザーミーによって翻案されて叙事詩となり、シーリーンは彼女を求めてアジアを遍歴した王ホスローと結婚することになる（この物語の有名な細密画に、ホスローが水浴中のシーリーンと出会ったにもかかわらず、ふたりとも相手の素性に気づかずに終わる場面を描いたものがある）。

それとは反対に、14世紀に詩聖ハーフィズが書いた抒情詩では、シーリーンとホスローはすでに結婚しており、彼女の名前を呼びながら荒野をさすらうのはファルハードである。ホスローは難題を用意してファルハードの不屈の恋心をくじこうとする。ファルハードが彼に命じられたとおり岩山を掘って小川を山の反対側に通せば、シーリーンは彼のものとなるだろう。ところが、ファルハードの仕事の完成が目前に迫ったとき、ホスローはシーリーンが死んだという偽の知らせを彼に送る。絶望にかられたファルハードは山から谷間に身を投げ、彼の血に染まった岩のあいだからチューリップが咲いた。この悲劇的な恋は詩人たちの心に訴え、ハーフィズは四行詩にこうしたためた。

寄り添うようにあらわれたチューリップ
春のあえかな使者は緋色の杯をかかげる
シーリーンへの愛に殉じたファルハード
荒地を染めたその血の滴《しずく》から咲きそめる[2]

この物語のトルコ版では、山に薄幸の若者の名前がつけられている。また、岩山を掘って泉の水を宮殿に引けと命じ、ファルハードがそれに成功しそうと見るや、残酷な嘘の知らせを送ったのはシーリーンの父親だった。

語り部は大昔からの職業であり、彼らはアジアの津々浦々で物語を語り継いでいった。当然ながら、伝説は時代の移り変わりや部族に応じて変化してゆき、やがて宮廷詩人に引き継がれ、血なまぐさい生贄の要素は消されていった。しかしその痕跡は、たとえばギリシャ神話のペルセポネやエウリディケのような乙女の失踪、彼女を求めての荒野の探索、奪還するためのきびしい試練、最後に到来する水と豊穣といった物語に名残をとどめている。同じような韻律は（チューリップは出てこないにしろ）、ギリシャ神話、アーサー王伝説、北欧神話、あるいはインドの叙事詩『ラーマーヤナ』にも存在する。赤い花はよく運命的な死にむすびつけられる——アネモネは美神アフロディーテの悲運の恋人アドニスが流した血に、ポピーは戦場に散った勇者の血に、というように。チューリップはヨーロッパでこそ血の伝統的な象徴ではないが、故郷の地ではまさにそうなのである。トルコでは、彼らが西進していくにつれ、チューリップは護符《ごふ》としての地位を高めていった。旅行用品や武具――祈禱用の絨毯、テント、水筒、武器、鎧《よろい》、ブーツから馬の鞍《くら》にいたるまで――さまざまな品物がチューリップの絵柄で飾られた。籐製の円盾《まるたて》（中心の金属部分の周囲をバスケット様に編んだもの）には、絹糸でチューリップなどの文様が描かれた。１３８９年、バルカン半島でおこなわれたコソボの戦いでオスマン帝国軍はセルビアを中心としたバルカン連合軍を破ったが、両陣営ともに無数の死傷者を出した。年代記作家によれば、色とりどりのターバンをつけた屍《しかばね》が累々と横たわる戦場の光景は「まるで広大なチューリップ園のよう」だったという。[3]

戦闘をオスマン軍の大勝利に導いたバヤズィト王子は戦没した父の後を継いで第4代君主スルタン・バヤズィト1世となり、「稲妻」と呼ばれた。鎧の上にまとう外衣《がいい》には、前面に聖典コーランの文言を、背面にチューリップの刺繡をほどこした。即位後の10年のあいだに、稲妻王はブルガリアからギリシャ北部にまで軍勢を進めた。しかし、中央アジアの風雲児ティムールがアナトリア「黒海・エーゲ海・地中海に囲まれた半島地域でトルコの大半を占める」に侵攻してくると王の運は尽き、１４０２年のアンカラの戦いで捕らえられた。

この勝敗はイギリスにも衝撃を持って伝えられ、のちの16世紀にクリストファー・マーロウがティムールの生涯を題材とした戯曲を書いた。ペルシアの詩人ハーフィズは１３９０年頃に没したのでこの戦いを知る由もないが、ティムールの破竹の進撃と人生の無常を知っていたのはたしかだっ

オスマン帝国の籐製の盾。裏側に持ち手が付く中央部分は鋼鉄製。16世紀後半。絹糸と金糸でチューリップとカーネーションが交互に編みこまれている。

た（ある逸話によれば、ハーフィズが故郷シーラーズの乙女のほくろとならサマルカンドもブハラも――いずれもティムールが執着した都市と――交換してかまわない、とうたった恋歌［ハーフィズの抒情詩第3］の説明をさせるため、ティムールが詩人を宮廷に召喚したという）。

たぶんチューリップはよく知っている
運命の微笑が気まぐれだということを
だから緑の茎の上の杯を離しはしない[4]

チューリップと酒杯はわかちがたくむすびついており、11世紀の詩人ウマル・ハイヤームは次のようにうたった。

ほらチューリップが大地から面《おもて》をあげ
天から朝の美酒を受けようとする
ためらわずにおまえもそれに倣え
からの杯を伏せるように現身《うつしみ》が土に還るまで[5]

ペルシアの詩人たちが泥酔による忘我を文字どおりの意味で褒め称えたのか、あるいはイスラーム教の神秘主義修道者《スーフィー》のように、神に帰依する神秘的陶酔の比喩として酒を用いたのかについては諸説あるものの、いずれにせよ彼らはのちのトルコの詩風に多大な影響を与えた。1453年、オスマン帝国の第7代君主「征服王」メフメト2世がついにビザンツ帝国の首都コンスタンティノープルを陥落させたとき、古代から続く帝国の力は衰えてはいたが、その城壁はなお堅固だった。メフメトは旧帝国の都をイスタンブルに改称して再建し「便宜上オスマン帝国の征服を改称の起点とするのが通例だが、実際にはただちに改称されたわけではない」、華麗なモスクや宮殿、泉、チューリップが咲きほこる庭園などをつくった。そのうちの最大のものがトプカプ宮殿である。征服王は詩人でもあった。「酌人よ、もっと酒をそそげ、一日中だ。チューリップの花園もやがては枯れ果てるのだから」[6]

メフメトの庭園のチューリップはすでに栽培されていたのか、あるいは野生種を集めたものだったのだろうか？　たしかにトルコには野生種が自生している。『トルコの植物相 *Flora of Turkey*』には14種類の野生種が掲載されており、なかでも赤や黄色の花を咲かせる丸形のツリパ・アルメナや、ひじょうによく似たツリパ・ユリアが名高い。球根外皮内にフェルト状の毛が密生しているのがユリアである。[7] この2種類は、やはり原種を代表するツリパ・ビフローラやツリパ・フミリス（あるいは最近トルコで発見された、ひじょうにめずらしいツリパ・キンナバリナなど）よりも、はるかに園芸品種の開発に用いられた。トルコの野生種はほかにもあるが、耕作地に自生することが多いので、おそらくトルコよりも東方の世界からもたらされたものだろう（そこから中東へ、さらにヨーロッパへと伝播していったのだ）。そう考えられるのは、ツリパ・クルシアナ、アゲネンシス、プラエコクスなどである。プラエコクスは、たいていの野生種よりも園芸品種の特徴を強くそなえ

12世紀にアナトリアを占領したセルジューク・トルコでつくられたもの。チューリップを初めて陶板のデザインに用いた。

ている。茎は太く、外側の花びらの尖端はとがっており、内側の丸い花びらよりも長い。花色はオレンジがかった赤で、外側花びらには緑の、内側花びらには黄色の線が入る。

こうした自生種が西方へ伝播するのに、トルコは大きな役割を果たした。オスマン帝国前に栄えたトルコ系国家セルジューク朝はアナトリア東部を支配下におき、すでに12世紀にはチューリップに傾倒していた。彼らはチューリップをデザインした陶製タイルを用いて、南東部の都市コンヤ［セルジューク朝アナトリア地方政権（ルーム＝セルジューク朝）の首都］のモスクや宮殿を飾った。オスマン帝国の時代に入って征服行為が多くなると、野生種の発見も増えていった。その代表例が、驚くほど多様で順応性の高いツリパ・シュレンキーである。

花びらの基部は丸く、先端がとがっているのが特徴で、16世紀のトルコ人が理想とした形状を今に伝える。中央アジアからコーカサス地方、ロシアの平原にも自生するが、トルコ人がシュレンキーを見つけたのは、おそらく1475年にクリミアを併合したあとのことだろう。

というのも、この花はイスタンブルの花市場に「ケフェ・ラーレ」の名前で届いたからである。「ケフェ」とはクリミア半島南東部の黒海に臨む要塞都市の名前で(現在のフェオドシア)、スレイマン大帝は1520年にスルタンに即位する前、ここの知事を務めていた。「ラーレ」はトルコ語とペルシア語でチューリップを意味する。そのアラビア文字を組みかえるとイスラーム教の神「アッラー」になることから、この花の文化的重要性には宗教的な意義も存在した。また、酒杯を意味する「ピヤーレ」と韻を踏むため、トルコの詩人にとっても貴重な言葉だった。

チューリップの栽培種が史上初めて出現したのは、この豊かなトルコ・コレクションからだった。トルコの庭園に集められる前は、分布領域の異なる種が交雑する機会はなかったからである。当時のトルコ人は栽培種の作成に関する資料を残しておらず、ただたんに「そうなった」としか述べていないが、チューリップの重要性が増し、おそらくそれと足なみをそろえて品種が増えていったであろうことは、第10代君主のスレイマン大帝(在位1520~66年)の治世を見ればわかる。チューリップはさまざまな芸術分野に躍り出て、当然ながら大帝自身のローブ、戦闘用の兜《かぶと》、甲冑《かっちゅう》などを華麗にいろどった。豪華なシルクや刺繍、ベルベットや錦織《にしきおり》は以前からあったものだが、製品の水準は劇的に向上し、使用範囲も寝台や寝椅子、衣類にまで広がった。そうした衣服のひとつがカフタン――前あきで裾が長く、袖幅の広い、ゆったりした外衣――である。裏に毛皮をはれば

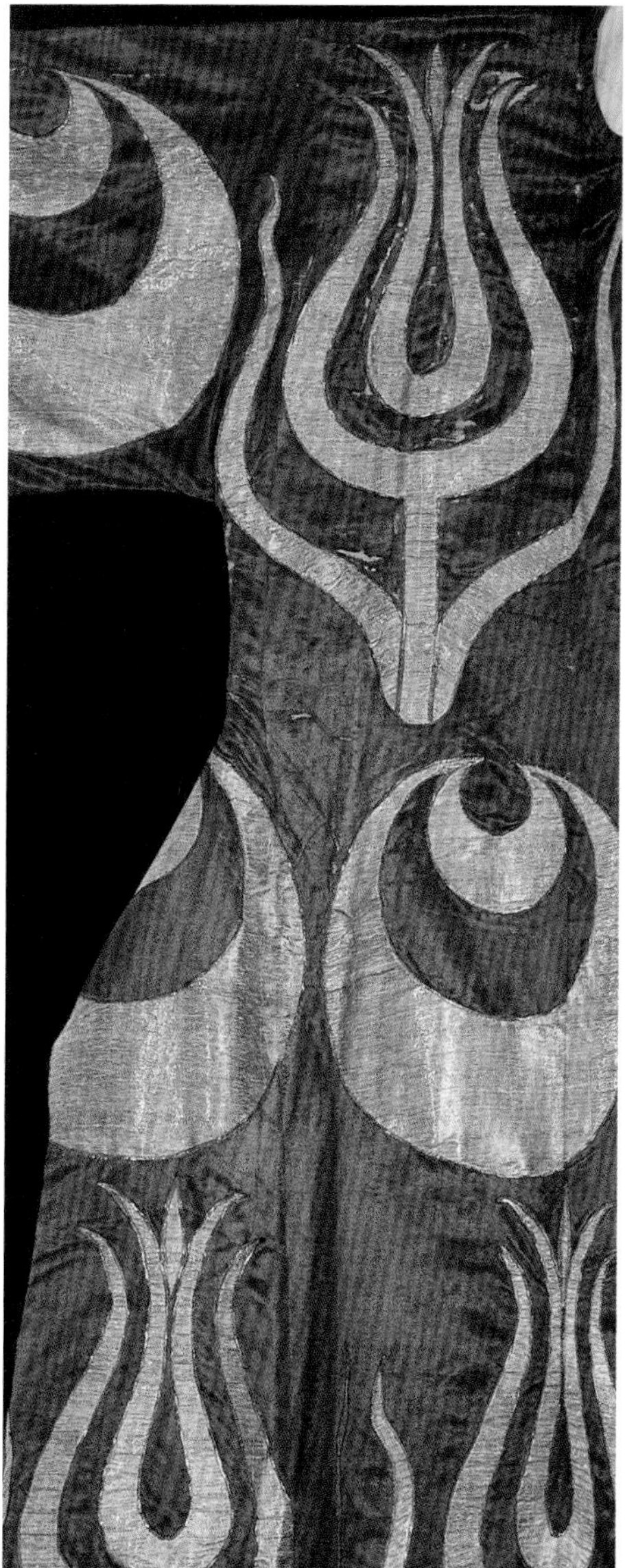

チューリップの図柄のカフタン。スレイマン大帝のものといわれる。16世紀なかば。

寒い季節には暖かく、しかも3枚もかさね着できた。1533年、ヴェネツィア共和国の使節マリノ・サヌートは次のように記している。

〔オスマン帝国海軍の〕司令官は38歳くらいの若い男で、赤い髭をたくわえ、秀麗な面持ちをしている。上等の生地のターバンを巻き、トルコ風に脚を組んで座った。シャツの上に黄色のサテンのガウン、その上に金糸で華麗な花を描いたダマスク織のガウン、さらにその上に緋色のガウンをまとっていた。[8]

この「華麗な花」がチューリップだったのかどうか、知りたいところだ。ヴェネツィア人が花の名前をあげなかったのは、それまでチューリップを見たことがなかったからかもしれない。16世紀トルコの織物には、中国伝来のハスをはじめ、ザクロ、カーネーション、バラ、果樹などの花が図案化されて用いられたが、そのなかでもチューリップはひときわ目を引き、大小にかかわらず、つねに3枚の花びらが流麗にカーブするデザインで描かれた。このチューリップのモチーフは織物よりも陶器で汎用されたが、使われる色は青が圧倒的に多かったので、植物学的意味での参照にはなりにくい（チューリップの場合、青は花底部の斑紋以外には存在しない）。トルコ陶器のチューリップによく見られるもうひとつの特徴は、花の基部にチューリップにはない「がく」のようなものがあり、そこにあざやかな別の色がついていることだ。これは花底部の斑紋をあらわしている。外側からは見えないものであっても、かならず描かねばならぬとトルコ人は思っていたに違いない。

16世紀にイスタンブルで建造されたリュステム・パシャ・モスクのイズニク陶器のタイル。チューリップの花弁の色と花底部の斑紋は大胆に図案化されている。

陶器のチューリップの花びらをいろどる線や点から類推するに、題材にしたのは２色の花だったろう。

　青と白のコントラストが美しいイズニク陶器は、中国明代の染付《そめつけ》磁器の影響を受けて発展した。現存する最古の資料は、１４７０年頃に書かれたメフメト２世の厨房用品に関する記録である。[9] トルコ人がまず習得した色はコバルトブルーで、初期の文様は中国の装飾様式を踏襲したものだった。チューリップの図柄はスレイマン大帝時代なかばの１５３５年頃に仲間入りし、同じ時期にターコイズブルー（トルコ青）の釉薬《うわぐすり》が登場した。セージグリーン（灰色から黄色をおびた緑）がそれに続き、１５６０年頃にはチューリップの真の姿を伝えうる、雄弁で独特な赤が発明された。これはアルメニア赤土というあざやかな赤色粘土から作られたもので、ひじょうにあつかいがむずかしく、使い物にならない不良品も山ほど出るために、最終的にイズニク陶器が衰退する一因となってしまった。

　最盛期は短かったとはいえ、あでやかなチューリップは皿やボウル、水差しだけでなく、16世紀イスタンブルの壮麗な建造物をいろどる装飾タイルにも使われた。その筆頭が、金角湾《きんかくわん》からのぞむと空に屹立するスレイマニエ・モスク――スレイマン大帝の命により、当代一の建築家スィナンが設計したものだ。スィナンはほかにも、大帝の大宰相リュステム・パシャ（１５３９年にスレイマン大帝の娘ミフリマー・スルタンと結婚）のモスクや、セリム２世の大宰相ソコルル・メフメト・パシャのモスクなどを建てている。どちらもスレイマニエのように丘の上ではなく、狭い市街地に巧妙におさまっているが、タイル装飾の多彩さや芸術性は大帝のモスクをはるかにしのぐ。

青い斑点のある赤いチューリップを描いたイズニク陶器の皿。16世紀後半。赤い釉薬とチューリップはいずれも珍重された。青い斑点は芸術的装飾である。

チューリップ柄のトルコの布地。カフタンの拡大。1566年にスレイマン大帝のあとを継いだスレイマン2世の時代に着用されたものと思われる。

リュステム・パシャ・モスクはスパイス・マーケット近くの商店街の2階につくられた。狭くまがりくねった階段をのぼり、ふいに広い中庭に出ると、そこがモスクだ。タイルはありとあらゆるところ——建物の正面、泉、屋内の壁、ミフラーブ［聖地メッカの方向にあたる壁につくられた壁龕《へきがん》］、柱——を覆っている。これほど贅沢にタイルを使った、そして創造性豊かなチューリップの文様を数多くそろえたモスクはほかにない。第14代君主のアフメト1世が1609年から1616年にかけてヒッポドローム（競馬場）の近くに建てたモスク——愛称ブルー・モスク——は、数千枚のイズニク・タイルと50種類のチューリップの文様に飾られている。残念ながらその多くはひじょうに高い場所にあり、壮大な空間にのみこまれてしまってはっきりとは見えない。

イスタンブルの至宝トプカプ宮殿は、幾重にも続く庭園で建物がつながっており、迷路のような回廊や中庭はチューリップのタイルでいろどられ、神秘的な雰囲気がただよう。この宮殿は15世紀に征服王メフメト2世が建設をはじめたものだが、現在の姿に近くなったのは、スレイマン大帝の孫ムラト3世（1574年にセリム2世のあとを継いで即位）が改築してからである。スレイマンの子孫たちは大帝のようにみずから軍を率いて遠征に行くことを好まず、宮殿内で多くの時間を過ごした。ボスポラス海峡を見渡す丘の上に立つ宮殿の広大な敷地は、4つの大きな中庭で区切られている。いずれも前の庭よりも奥まった場所にあり、第4の中庭でチューリップが栽培された。

オスマン帝国の歴代スルタンたちは、豪華な写本［ここでは原本を含む手書きの書物（手稿本）全般をさす］の制作にも力を入れた。聖典コーランの緑と金のページの余白には天上の花がちりばめられた。書家や彩色師の技術は、おもに帝国の行政機関で発達した。勅令、判決、条約、報告など

花咲く木々とチューリップに囲まれたスルタニヤ（イラン北西部の都市）。スレイマン大帝の東征を描いた16世紀の写本『イラン・イラク遠征記』（1534～35年）の細密画。

のおびただしい文書が作成され、最後にスルタンの「花押《トゥグラ》」――文様で装飾された署名――が押された。花押の装飾にチューリップなどの小さい花模様が使われはじめたのは1550年代からである。しかしスレイマン大帝時代の写本の最高傑作は、なんといってもトルコ軍が通った諸都市の挿絵を添えた、オスマン帝国征服年代記だろう。1533～35年にスレイマンがペルシアのタフマースプ1世に対して起こした東征の記録『イラン・イラク遠征記 *Mecmua-i Menazil*』には、イラン北西部の都市スルタニヤ（ソルターニーエ）を描いた絵がある。都市周辺の緑の野には、果樹や赤いチューリップなどの花が咲きみだれており、ここが戦場だったことを示すのは、都市を取り囲む城壁がところどころで壊されていることだけだ。それさえなければ、これは完璧にのどかな牧歌的風景である。ゆるやかにうねる川、ピンク色の宮殿、建ちな

本のラッカー塗りの表紙。庭園に咲くチューリップなどの花が描かれている。スレイマン大帝の息子シェフザーデ・メフメトのもの（1543年死去）。

らぶ館、モスク、鹿、走るウサギ――野生のチューリップにとってこれほどの環境はない。

一方、スレイマン大帝の息子で1543年に早世したシェフザーデ・メフメトのためにつくられた、イスラーム教第2の聖典ハディース（ムハンマドの言行録）の表紙は、もっと庭園風の趣がある（大帝の寵姫《ちょうき》ヒュッレム・スルタンの長子だったメフメトは有力な後継者候補だったため、その死が宮廷内の陰謀や処刑の引き金となった）。ラッカー塗りの表紙には、実物に近い花々が描かれている――黄色のバラの茂みを中心に、果樹、ナデシコ、スミレ、アイリスが咲き、チューリップは赤と青

写本を飾るチューリップの挿絵。スレイマン大帝がしたためた『ムヒッビー詩集』より（1566年）。

の花で存在感を示す。注目すべきは、かなり写実的に2色と思われるチューリップを描いている点だ。こうした写実に近い描き方は新しく、さまざまな芸術形式に花のモチーフが多用されるようになった結果、スレイマン時代に生まれた新手法といえるだろう。

様式化された花と写実的な描画との違いは、『ムヒッビー詩集 *Divan-i Muhibbi*』の挿絵を見てもよくわかる。これはスレイマン自身の詩をおさめた詩集で、ムヒッビーとは「恋するもの」という意味の大帝のペンネームである。宮廷画家の第一人者カラ・メミがはなやかに飾った詩集は、大帝が死去した1566年で締めくくられている。詩の行間に小さな花壇を配置するのはカラ・メミの考案によるものであり、たんなる縁飾りにはだせない効果を生んだ。スレイマンの詩はガゼル「女性に向けて書かれた愛と美の詩」（ヨーロッパのソネットに相当）が多く、ペルシアの伝統にのっとって、ナイチンゲールやバラ、「チューリップのように麗しい顔《かんばせ》」などの語句を用いている。しかし、戦争によって版図を拡大した帝国の父にして立法者、近隣諸国の脅威であり「ヨーロッパの悪夢」、国内にあっては生殺与奪の権限を持つ絶対者であった帝王がかくも耽美的な詩を書いたとは、驚きとしかいいようがない。

庭園に来てブドウの美酒を飲むがよい
酔いしれるのは恥だとか
戒律に背くなどと思うな
フランク人の奴隷が美酒をついでいる
ムヒッビーはその機会を逃しはしない
おまえの手がチューリップのように赤い酒から
離れることも許しはしない[10]

チューリップを愛でたのはスルタンだけではなかった。外国からの訪問者は、トルコの民衆が花を愛し、路上や市場でさかんに行商している様子を母国に伝えた。ヨーロッパで見たこともない「赤いユリ」について最初に文字で記したのは、1546～49年にトルコに滞在したフランス人植物学者のピエール・ブロンである。ブロンはトルコの庭園を賞賛し、「美しい花でみずからを飾ることを好み、花を愛でることにかけてトルコ人の右に出るものはない」と述べた。[11] 1573年にイスタンブルを訪れたフランス人フレンヌ・キャナイェによれば、「トルコ人はつねにチューリップを手にしているか、ターバンにさしている」という。[12] ときにはトルコの細密画にもこの習慣の証拠が見つかる。折り返しにチューリップをさしたターバンの彫刻を上にいただいた墓石が描かれているからだ（これは庶民の習慣であってスルタンのではない。君主はきらびやかな宝石でターバンを飾った）。

神聖ローマ帝国がオスマン帝国に派遣した大使オジエ・ブスベックはヨーロッパにチューリップをもたらした人物とされており、この花の「名付け親」ともいわれる。トルコ語でチューリップは「ラーレ」というが、ヨーロッパ圏で生まれた「チューリップ」という語はトルコ語の「テュルバン」——すなわちターバンに由来した。ブスベックが花を指さして名前をたずねたとき、うまく伝わらず、頭に巻いた布帽子のトルコ語のほうを教えられたのだという。この話がほんとうにブスベックが体験したことだったかどうかはさておき、「チューリップ」の語源がこの種の誤解に由来するのはほぼまちがいない。

庭園の花がイスタンブルの市場で売られていたという記録は征服王メフメト2世（在位1451〜81年）の時代から存在するが、当時のチューリップの供給源はもっぱら野生種だった。17世紀前半、イギリス人旅行家のジョージ・サンズは「まったくつまらない。それでもデルヴィーシュ［神秘主義教団の成員一般だが乞食僧をさすこともある］やイェニチェリ［オスマン帝国の精鋭歩兵軍団］からチューリップやケーキ菓子はもらえる」とこぼした。[13] サンズの不満をいくらかでもなだめたのが宗教と軍隊の代表的集団だというのは妙な気がする。どちらも町をうろついて商売をするようなタイプとは思えないからだ。

しかし別のイギリス人旅行家で、のちに東インド会社の職員になったピーター・マンディは1617年から20年にかけてトルコに滞在したあいだ、イェニチェリとチューリップを一幅の絵に

チューリップ柄のシーツ。16世紀後半にイスタンブルで製作されたもの。

イェニチェリ像とチューリップの切り絵。イギリス人旅行家ピーター・マンディが作成したスクラップブックの「トルコ素描」より（1618年）

したててスクラップブックに残した。[14] そこには切り絵のチューリップと、まるでチューリップのようなトルコ衣裳をつけた人物が貼られている。マンディが地元の市場で見つけた品だ。切り絵のチューリップは紋切り型であるにしろ、野生のチューリップの野趣が感じられ、波うつ葉の特徴もよく出ている。17世紀オスマン帝国の紀行作家エヴリヤ・チェレビは、豊かな自然が広がるキャーウトゥハーネ地区の草原でのピクニックの様子を描写し、野生のチューリップがイスタンブルの民衆にとって身近な存在であったことを示した。

美しい川が谷間からボスポラス海峡へと流れていく……両岸の草原にはクローバーやキンポウゲ、チューリップが咲きみだれ、プラタナスや柳を植えたあずまやが点在する。休日になれば、ふざけたり船遊びをしたり、泳いだりするおおぜいの人でにぎわい、あちらこちらで音楽が奏でられる。商工業者の同業組合の祭りでは仮設の会場で宴が催される。[15]

トルコの写本には、スルタンが結婚式や割礼を祝うために開催した盛大な祝祭が記録されており、花は行列の目玉のひとつだった。1582年にムラト3世が王子の割礼に際して催した祝祭は、52昼夜続いた。ヒッポドローム（競馬場）では模擬包囲戦や戦闘、曲芸、道化、花火の打ち上げがおこなわれ、いたるところに飾られた花が大気をかぐわしい香りで満たした。山車も練り歩き（シュケル・ナッカスランという山車は砂糖とマジパンでつくられていた）、ミニチュアの庭園やそびえるようなチューリップも登場した。祝祭の絵には、オスマン帝国でつくられたチューリップも描か

上：1582年にムラト3世が王子メフメトの割礼の祝祭を催したときの絵（部分）。『祝祭の書』より。

下：黄色のチューリップの山車。1524年におこなわれたスレイマン大帝の大宰相イブラヒム・パシャの結婚式の出し物。見物するスルタンが左上に描かれている。『祝祭の書』より（1582～83年）。

れている。花びらが「針」のように見事に伸びた品種が完成したのは、おそらく18世紀になってからだろう。この品種の祖先は、ほぼまちがいなく野生種のツリパ・アクミナタだと思われる。先が鋭くとがった花びらは黄色に赤の筋がはいっており、薄く、長く、まるで呪文がかけられたように少しねじれている。そう、ある意味では呪文がかけられたのだといっていい――特定の種名がつけられてはいるものの、真正の野生種ではないからだ。これは栽培種が野生化したものであり、その記録が残っていないほどの昔からトルコの大地で生きながらえてきたのだろう。ツリパ・アクミナタは1811年にヨーロッパに伝来した。ネーデルラント（現ベルギー）の植物画家ピエール＝ジョゼフ・ルドゥーテは『ユリ科植物図譜』にその絵を描き、1815年にナポレオン皇帝の妃ジョゼフィーヌに著書を献呈した。しかし色糸《いろいと》を束ねたようなこの花が栽培されるにいたった経緯はどうだったのか、どこで採集されてオスマン帝国の植物園にもたらされたのかはわかっていない。

スルタン・セリム2世（在位1566～74年）は父スレイマン大帝よりもチューリップに夢中になった。セリム2世は「大酒飲み」とあだ名されるほどの飲酒癖で知られる一方で、ボスポラス海峡近くでのんびり過ごすときのためにチューリップを描いた望楼を建てた。地方知事たちはセリム2世のために野生のチューリップを大量に送るように命じられ、専門の栽培家たちは品種の開発に精を出した。記録に残る最初の栽培種は、シェイヒュルイスラーム・エビュッスウード・エフェンディがつくった黄金色の「楽園の光」である。ムラト4世（在位1623～40年）の時代の宮廷庭園のリストには、53種類のチューリップが載っている。なかにはスルタン自身でさえひとつしか持っていないほどの稀少種もあり、1638年のペルシア遠征は多くの種類を得る好機と考えられた。

ツリパ・アクミナタ（ツリパ・コルヌタとも呼ばれた）。ピエール＝ジョゼフ・ルドゥーテ『ユリ科植物図譜』より（1802 ～ 16年）。

だが、オスマン帝国のチューリップに変化をもたらしたのは、東方から周期的に入ってくる野生種ではなかったかもしれない。1651年、オーストリア大使のシュミット・フォン・シュヴァルツェンホルンがヨーロッパのチューリップを——10種類40本分のみだったが——メフメト4世に贈った。トルコの専門家のなかには、ヨーロッパから来たチューリップの花粉がトルコの花に魔法のような作用をおよぼして変化させたと考える者もいた。「針状」——花びらが細くて長い——チューリップの人気が絶頂に達した1726年に『イブラヒムのチューリップ栽培家 *Lalezari i Ibrahim*』を著したメフメト・エフェンディもそのひとりである。ただ、ヨーロッパからの到来はそのときだけではなかった。イタリア人旅行家の1680年の日記に、クレタ島から来たツリパ・サクサティリスのことが書かれている。「金角湾をのぞむエユプ地区の庭に、1本の茎に3～4個の花をつけるすばらしいチューリップが咲いていた。クレタ島から輸入されたものだ[16]」。

オスマン帝国のチューリップの祖先は、幻のようにさだかではないが、その正体がわかる日が来るかどうかは別として、いにしえの幻は現在もオランダの球根生産者を悩ますことがある。ときどき球根が先祖返りをして、薄くてとがった、ねじれた形の花を咲かせるのである。彼らはそれをツリパ・ディエフ（*Tulipa dief*）——「盗人《ぬすっと》のチューリップ」と呼ぶ。

17世紀、イスタンブルのチューリップ生産者は評議会を結成して、チューリップの品種名と価格を決定するとともに、花の完成度が厳格な基準に達しているかどうかを審査した。丈が高いもの、細いもの、花はアーモンド形が好まれた。花びらは短剣のようにとがり、どれも大きさと長さがそろっていなければならない。色は単色がよい。でこぼこしているもの、花の巻きがゆるいもの、花

オスマン帝国のチューリップ。18世紀トルコの細密画。イスタンブル。

オスマン帝国のチューリップ。18世紀トルコの細密画。イスタンブル。

弁が二重もしくはのこぎり状になっているものは不良品とみなされた。花には愛らしい名前がつけられた――「緋色のつばめ」「無比の真珠」「ばら園の手弱女《たおやめ》」「最愛の顔《かんばせ》」「惑乱《わくらん》のみなもと」「歓喜のみなもと」「宰相《ヴェズィール》の指」（黄色だった）などである。アフメト3世（在位1703～30年）の時代、チューリップのあらゆる部門を統括したのは大宰相のダミト・イブラヒム・パシャだった。彼の主席庭師シェイフ・メフメト（「ラーレ・ザーリ」――チューリップ栽培家――の愛称で呼ばれた）は、ひじょうに信頼性の高い『花の手引き書』を執筆した。そのなかに「選ばれしものから選ばれしもの」と名付けられたチューリップの記載があり、2色のチューリップ――とくに白地にほかの色が入った花の人気が高まっていたことがわかる。

> 色はすみれ色で三日月のような曲線を描く。模様の入り方は絶妙。くっきりとして均整がとれている。白にいろどられた花びらはまさに完璧であり、針のように細く、日の光を浴びて輝く。[17]

この頃までにチューリップの改良は完成し、花の画集でもよく描かれた。摘まれた花はヨーロッパ風にこんもりと生けられることもあったにしろ、チューリップ専用の細口の花瓶――ラーレ・ダン――に飾るのが常道だった。この花瓶は銀製かガラス製で、基部が球根のように丸い形をしていた。「ザクロ赤の槍」というえび茶色のチューリップとあざやかな対比を示す、藍色の花瓶にさした絵が残されている。チューリップを生けたラーレ・ダンはスルタンの前の盆にならべられたり、祝祭の行列で運ばれたりした。

アフメト3世はたびたび豪勢なチューリップ祭を催した。彼の治世は「チューリップ時代」――ラーレ・デヴリ――と呼ばれる。政治と宮廷を牛耳っていたのは、1718年に大宰相の座に就任し、スルタンの娘を娶ったダミト・イブラヒム・パシャだった。抜け目のない謀略家だったイブラヒム・パシャは、君主の気をそらすために惜しげもなく快楽を提供した。春になれば、アフメト3世はボスポラス海峡沿いの離宮から離宮へと旅行し、そこにはスルタンのためにオスマン様式とフランスのバロック様式を融合させた娯楽施設が建てられた。絨毯模様のようにチューリップを植えた花壇もつくられた。1726年にフランス大使が故国に送った手紙によれば、「花壇のチューリップの花が散ると、別の庭園から摘んできたチューリップを瓶にさして置き、隙間を埋める工夫がされています」[18]。

妻のおかげで、ダミト・イブラヒム・パシャは「ロウソクの宮殿」と呼ばれる壮麗な宮殿を所有していた。チューリップ祭の夜ともなれば、無数のロウソクが花と花のあいだに、また、鳴き鳥の籠のそばに吊された鏡付きのランタンにともされた（庭園内を自由に這いまわるカメの背にもくりつけられた）。フランス大使の手紙には、「イルミネーションと騒々しいトルコ音楽の伴奏はチューリップの花が咲いているかぎり毎晩続けられ、そのあいだスルタンは大宰相の接待を受けるのです」。

トプカプ宮殿では、チューリップは木製のピラミッドや塔、円形劇場の上に飾られた。当時は、オランダからもさまざまなチューリップがある程度輸入されていた。トルコ当局のきびしい規制がなければ、1世紀前のオランダのようにチューリップの価格は際限なく高騰しただろう。当時を代表する宮廷詩人のアフメト・ネディィムはチューリップとスルタンを賛美しながら、「そして汝、心

宮廷で食事をするスルタン・ムラト4世。ご馳走と花がならべられている。トプカプ宮殿所蔵。

をはりさけんばかりに満たすチューリップよ、けっして庭園を去ることなかれ」とうたったが、それは皮肉ではなかっただろう。

オスマン帝国の「チューリップ時代」も愚かな熱狂がたどるべき運命をたどり、ペルシアの軍事情勢の悪化が引き金となって終わりを迎えた。ペルシア北西部のタブリーズでトルコ守備隊の虐殺があり、イスタンブルでは元イェニチェリが先導する暴動が発生した［パトロナ・ハリルの乱］。アフメト3世が自身の安全のために大宰相の絞殺を命じたのかどうかについては諸説ある。もしそうならば、それは伝統的に帝国の庭師――ボスタニチ――の役割だった。彼らは裏切り者の使用人や愛妾を絹の紐で絞め殺した。ときにはトプカプ宮殿の中庭や庭園を駆け抜けて門まで、凄惨な追跡が繰り広げられることもあった――犠牲者が先に門にたどり着けば自由の身となり、執行人が門で待ち受けていれば絞殺体はボスポラス海峡に投げこまれることになっていた。

別の説によれば、激昂した民衆がイブラヒム・パシャを絞め殺したあと、アフメト3世は退位を余儀なくされ、甥のマフムト1世が即位したという。色褪せたオスマン・チューリップはしだいに人気を失い、やがて栽培種の奥深くに沈潜していった。その輝きは過去の細密画のなか、ツリパ・アクミナタの花びらにしか残されていない。

第3章　ヨーロッパへの上陸

　チューリップがヨーロッパに自生していたとするなら、なぜ16世紀までまったく無視されていたのだろう。植物学の祖といわれる古代ギリシャのテオプラストスと古代ローマのディオスコリデスは——彼らの世界は地中海をまたがっていたにもかかわらず——ひと言も言及していない。彼らの後継者である中世の薬草学者にしろ、採集より知識を深めるほうに軸足をおいていたとはいえ、沈黙を守っている。チューリップはキンポウゲのように取るにたらないものとみなされていたのか、あるいは人が容易に近づけない場所を好むために気づかれなかったのか？　サクサティリス系やアウストラリス系などの純粋な野生種がギリシャの島々、スペイン、フランス、バルカン半島で人知れず生息地を広げ、ツリパ・ハンガリカやツリパ・アルバニカがその地で命をつむいでいたのなら、東方から来たチューリップのコロニーは、故郷アジアのブドウ畑や果樹園でそうだったように、畑の雑草としてひっそりと増えていったのだろうか。

　チューリップのヨーロッパでの帰化のはじまりは、黄色の染料として需要が高かったサフラン畑からだったと思われる。というのも、サフランが栽培されていた地域と帰化チューリップの自生地には、ある種の一致が認められるからだ。8世紀以降、ヨーロッパではサフランの栽培が進んだ。外国から仕入れたクロッカス（サフランはクロッカスの一種）の球根を畑に植え、まぎれこんでいたチューリップが生えてきた場合、農家の人々がそれを抜いてしまったのはじゅうぶんに理解できる――そのあとチューリップは自力で増えていったに違いない。[1]

長い歳月が流れた1753年、スウェーデンの植物学者カール・リンネはあらゆる植物を属名と種名で理論的に説明する「二命名法」を考案し、分類を試みた。そして多種多様なチューリップ栽培種の学名を「ツリパ・ゲスネリアナ」とした［ツリパが属名、ゲスネリアナが種名］。ヨーロッパ人として最初にチューリップを紹介したコンラート・ゲスナーに敬意を表したのである。実際、ゲスナーの業績にはそれだけの価値があった。スイスのチューリヒ出身のゲスナー（1516～65年）は医師であると同時にすぐれた博物学者だった。1551年から58年にかけて刊行した大著『動物誌 *Historia animalum*』（全5巻）に続き、それに匹敵する内容の『植物誌 *Historia plantarum*』に向けて資料を集めはじめたが、完成しないまま生涯を終えた［1565年にチューリヒで流行したペストの治療中に罹患して死去］。しかしそれは、彼の序文の言葉のとおり、「倦《う》むことなく探求し続ける精神の本質」をあらわすものだった。

1500点近くの図版すべてには、特徴、原産地、生育地に関する注釈が細かく書きこまれていた。チューリップの絵は2枚ある。ひとつは1559年4月、アウクスブルク（神聖ローマ帝国の金融と鉱工業の中心地［ドイツ南部バイエルン州に位置する］）訪問中に見た赤いチューリップだ。

コンラート・ゲスナーが記述した赤いチューリップ。アウクスブルクのヨハン・ヘルヴァルトの庭に咲いていたもの。ヨーロッパでチューリップを植物学的に報告・描写した最初の例とされる。

市議ヨハン・ハインリヒ・ヘルヴァルトの庭に咲いていたのである。「わたしはこの植物をこの目で見た」とゲスナーは述べている。

ビザンティンかカッパドキアより伝来した種子から咲いたものだという。一輪咲きの美しい赤い花で、赤いユリのように大きく、8枚の花弁を持ち、そのうちの4枚は外側に、残りは内側にあった。とても甘くてやわらかい、ほのかな香りがするが、すぐに消えてしまった。[2]

ゲスナーの記述には奇妙なところがある。なぜなら彼が描いたチューリップの花弁は8枚ではなく、通常の6枚だからだ。これがアナトリア（つまりカッパドキア［現在のトルコ東部にあたる］）から来たのだとすれば、ツリパ・アルメナだったのかもしれない。アルメナには花びらが外側にカールし、葉の縁が波うつ特徴がある。ゲスナーはこの赤いチューリップを「ツリパ・トゥルカルム（*T. turcarum*）」と命名し、原産地と「チューリップ」という名称を確立した。2年後の1561年、ゲスナーがドイツの薬学者・植物学者の故ヴァレリウス・コルドゥスの著作を出版したとき、その補遺としてこのチューリップに関する論文を花の木版画とともに発表した[3]（植物学者として評価されたければ論文発表は必須である）。

ゲスナー所有の図版に描かれていたもうひとつのチューリップは黄色で、まぎれもなくツリパ・シルウェストリス——ヨーロッパでもっとも広く帰化したチューリップ——だったが、これはゲスナーが実際に見たものではなかった。その絵は1549年から1551年にかけてイタリアのパドヴァ、ヴェネツィア、ボローニャで過ごしたドレスデン［ドイツ中東部の都市］出身の医師・自然科学者のヨハン・ケントマンが送ってきたものだった。銘文には「香りのある黄色のスイセン Narcissi lutei odorati」（シルウェストリス種はスパイシーな香りがする）と書かれており、中世のヨーロッパではチューリップとスイセンがひとくくりにされていたことを物語っている。実際、初期の出版物では「ナルキッソス（スイセン）」「リリオナルキッソス（ユリスイセン）」がチューリップの名称に使われており、イタリアの博物学者アンドレア・マッティオリの1565年の著作、フランドルの植物学者レンベルト・ドドゥンス［ドドエンスとも表記される］（ラテン名はドドネウス）の1568年の著作でもそうだった[4]［フランドルとはベルギー西部を中心として、オランダ南西部からフランス北東部にまたがる地方。15世紀にはハプスブルク家の所領となった」。「チューリップ」という名称が確立するまでには多少の時間がかかったのである。

次にツリパ・シルウェストリスが登場したのは、フランドルの植物学者マティアス・デ・ロベル（ラテン名はロベリウス）が1576年にアントウェルペン［英語ではアントワープ（ベルギー北部の都市）］で出版した『植物図譜 *Plantarum seu stirpium historia*』だった。ロベリウスは「ボローニャの黄色のチューリップ」と記しており、地名はゲスナーに送られた絵の出所と呼応する。とはいえこのチューリップは、すでにフランスやドイツ、アルザス地方などのワイン畑に自生していた。1581年、ロベリウスは意味深長にこう述べている。

> ギリシャやマケドニアに咲く紫色の美しいユリをヴェネツィアやパドヴァで初めて見たのは、ずいぶん昔のことだ。その後、フィレンツェとジェノヴァで黄色と赤褐色の花を見た。[5]

3世紀後、イギリスの詩人ロバート・ブラウニングはイタリアに住んでいた頃、ボローニャの野に咲くチューリップに賛辞をよせた。それは赤い花だったろう。

> 元気に伸びはじめた緑の小麦のあいだに顔を出す
> 指三本たらずの野生のチューリップ
> 茎の先に赤く大きな鈴形の花が咲く

まるであえかに澄んだ血の泡のよう
子どもらはそれを摘んで売りに出る[6]

ヴェネツィア貴族のピエトロ・ミキエールも、イタリアにおける初期のチューリップの観察に貢献したひとりだ。ミキエールは1551年から1555年までパドヴァの植物園の監督を務めたのちヴェネツィアに戻ると、自身の植物コレクションを管理して、植物学的価値の異なる1000点の絵を本にまとめた。それは現在、国立マルチャーナ図書館［ヴェネツィアのサンマルコ広場にある図書館］に所蔵されている。[7]当時、ヴェネツィアは地中海のレバント貿易――つまり東西貿易の拠点であったから、ミキエールは東方の植物を簡単に輸入できたはずだが、描いたのはやはり野生種のツリパ・シルウェストリスとツリパ・プラエコクスだった。プラエコクス種は、花市場（カーバ・ラーレ）で有名なイスタンブルから持ちこまれたものであったろうか。丈夫なうえ、匍匐枝で増えるため、やがて南ヨーロッパやフランスのプロヴァンス地方に帰化し、その遺伝子が品種改良に用いられた可能性の高いチューリップのひとつとなった。

ただ、イタリア美術界に最初に登場したチューリップがピエトロ・ミキエールの『五つの書 *Cinque libri*』だとはいいきれない。もっと早い1460年頃、パオロ・ウッチェロが描いた若い女性の肖像画には、衣裳のベルベットの袖の肩あたりにチューリップの模様がある。これはオスマン帝国の織物由来のデザインで、植物としてのチューリップがヨーロッパで記述される以前の例だ。15世紀後半のフランドル絵画やタペストリーでも、花びらが鋭くとがったチューリップの模様が錦

パオロ・ウッチェロ（推定）『上流の若い女性の肖像』1460年代前半、油彩、板。オスマン風のチューリップ模様が袖に描かれている。

織のローブや天蓋に使われている。[8] イギリスも例外ではなく——これはイズニク陶器からだったが——本物のチューリップに一歩先んじてデザインが入ってきたらしい。1570年に4人の人物に対して「トルコ式の色を用いた陶器などの陶製品」の製造許可が与えられている。[9]

さて、リンネが命名した「ツリパ・ゲスネリアナ」のほうへ戻ってみよう。この学名は変種や交配種すべてを包含する。一部は初期の栽培地から逃れて帰化したものだろうが、どれも起源は中東である。おもな祖先はふたつあり、ひとつはゲスナーの赤いチューリップに酷似するツリパ・アルメナ。もうひとつは、フランス南部アジャンに自生していたコロニーにちなんで名付けられたツリパ・アゲネンシス——しかし最初に記録されたのはまたもやイタリアで、「ボローニャ（もしくはフィレンツェ）の赤いチューリップ」として知られていた。この花には、もっと豪華な「ツリパ・オクリスーソリス」（太陽の眼）という別名もあった。緋色の衣をまとい、黄金色に縁取られた黒い斑紋を持つ花姿は、ルドゥーテの『ユリ科植物図譜』をはじめ多くの植物画に描かれている。いずれの祖先も——プラエコクス種やシュレンキー種のように——花色が豊富で、栽培したときに他家受粉しやすい。

おそらくこの2種類から派生してヨーロッパに自生するようになり、発見時に特定の名前を付けられたものをいくつかあげてみよう。ツリパ・ディディエリ（*T. didieri*）はピンク、赤、黄、白のエレガントな花で、長い花びらの先端はとがり、斑紋は黒い。フランス南東部のサボワ地方とイタリア北部に自生する。ツリパ・グレンギオレンシス（*T. grengiolensis*）は星状の黄色の花で、オリーブグリーンの斑紋を持つ。フランスからスイスにまたがるローヌ渓谷の奥で発見され、スイス

ツリパ・アゲネンシス（当時はツリパ・オクリスーソリスと呼ばれた）。ジョゼフ・ルドゥーテ『ユリ科植物図譜』より。ヨーロッパに帰化したチューリップのひとつで、「ボローニャの赤いチューリップ」として知られた。

ツリパ・グレンギオレンシス。スイス南部グレンギオルス原産。

のグレンギオルス村にちなんで命名された。ツリパ・ハンガリカはハンガリーのドナウ渓谷産で、花はあかるい黄色である。ツリパ・マレオレンス（*T. maleolens*）の球根外皮には毛があるため、プラエコクス種かユリア種が祖先にいると考えられる。ツリパ・マルヨレッティー（*T. marjolettii*）はフランス南東部産で、花色はクリームイエローにピンクと緑の筋がはいる。ツリパ・マウリティアナ（*T. mauritiana*）はカップ状の赤い花。やはりフランス南東部産である。ツリパ・パッセリニアナ（*T. passeriniana*）はイタリアで発見された。花色は赤く、斑紋は黒い。ツリパ・プラティスティグマ（*T. platystigma*）はフランス南東部――とくにドーフィネ地方――に自生する。花色は濃いピンクで、つぼみの先端がねじれるほど花弁がきつく巻くという特徴がある。野生種にはめずらしくウイルスに冒されやすい。また、ツリパ・ロドペア（*T. rhodopea*）、ツリパ・リビドゥア（*T. ribidua*）、ツリパ・サラセニカ（*T. sara-*

cenica)、ツリパ・シンテニシー（*T. sintenisii*）、ツリパ・スパトゥラタ（*T. spathulata*）のほか、ベルギー南部で見つかったツリパ・ウルモッフィー（*T. urumoffii*）（花色は黄か赤褐色）などがある。これらの種の起源はよくわかっておらず、ネオ・ツリパ（*neo tulipae*）に分類される。

とはいえ16世紀のヨーロッパを熱狂させたチューリップは、トルコから伝来したものだった。従来、ヨーロッパにチューリップを紹介したのは、神聖ローマ皇帝でオーストリア・ハプスブルク家の祖フェルディナント1世が、1554年から1562年にかけてトルコに派遣したフラマン人大使オジエ・ブスベックとされる［フラマン人とはフランドル地方に住む人々のこと］。たしかにブスベックには、トルコ国内を旅行して野生のチューリップを観察する機会は幾度もあったに違いない。しかし彼自身の回想は1580年代に『トルコ派遣員の四通の書簡』が（トルコ地方色満載の）手紙形式で出版されるまで、おおやけにならなかった。ブスベックが1554年の冬に、初めてギリシャ北方のエディルネ（旧アドリアノープル）からイスタンブル（旧コンスタンティノープル）に旅したときの記録を見てみよう。

われわれのコンスタンティノープルへの旅も終わりに近づいた。田園地帯ではいたるところに花が咲きみだれているのを見た。スイセンやヒヤシンス、そしてトルコ人がトゥリパンと呼ぶ花……もはや真冬に近いというのに驚かされる。[10]

ほかの旅人たちと同じく、ブスベックもトルコ人がいかに花好きであるか、すばらしい花を買うためだったらいかに大金を惜しまないかについて述べている。実際、ブスベックがイスタンブルでトルコ人からチューリップを贈られたとき、「この花は贈り物だとはいえ、わたしにはずいぶん高くつく」と感じたという。チューリップはトルコの真冬には咲かないから、ブスベックの記憶の確実性や日付には疑問符がつくものの、いずれかの時点で種子や球根をウィーンに送ったり、持ち帰ったりしたのはまちがいない（彼はほかにも、ウィーン写本として知られる貴重な本草書［古代ローマの医師ディオスコリデスの著作をギリシャ語に翻訳した古代末期の薬草学の写本］を発見して入手の道筋をつけている）。したがって、ヨーロッパにチューリップを導入した最初の人物のひとりだという彼の主張は、受け入れていいだろう。たぶん1550年代前半だったのではないか。

一方、それ以前の1540年代に、フランスの植物学者ピエール・ブロン［ベロンと表記されることもある］はトルコの「赤いユリ」に気づいており、「船でコンスタンティノープルに到着した各国からの旅行者は、美しい花の根を故国へ持ち帰るために市場であらそって買った」と述べている――ブロン自身も同じように買い求め、ルマンの自宅に持ち帰ったとしているが、彼の記述はあまりにも漠然としていて、強い裏付けにはならない。[11]

1562年、ベルギー北部アントウェルペンの港で、コンスタンティノープルからの船荷として初めてチューリップの球根が書類に記載された。収集家のための品ではなく、豚に真珠のことわざどおり、ある織物商にあてた東方の生地類の荷に同梱されていた――きっと心づけ《バクシーシュ》だったのだろう。それをタマネギだと思った商人はいくつか食べてしまい（球根の値段が高騰するにつれ、こうした思い違いは笑い話ではすまなくなった）、賢明にも残りを自宅の野菜畑に植えた。次の年の春、あざやかな赤と黄色の花が咲いた。たまたまメヘレン（アントウェルペンとブリュッセルの中間にある都市）から訪れた同業者のヨリス・ライに見せたところ、めずらしい植物の熱心な収集家だったライは花をゆずってくれと頼んだ。当時のまじめな収集家たちのあいだには、自分が手に入れたものを分けたり交換したりするという、うるわしい習慣があったのだ。ライはチューリップの栽培に成功し、それを分けてもらったヨハン・ホーヘラントはのちにライデン（アムステルダム近郊の都市）に移り住んで、当地の植物学者の第一人者になった。

また、やはりメヘレンの植物収集家だったジャン・デ・ブランシオンは、ネーデルラント――現在のオランダ、ベルギー、フランス北東部を含む地域で17州に分かれていた――の支配階級スペイン・ハプスブルク家の一員で、イタリアに知人がたくさんおり、１５７２年に「トルコの光の球根と種子を籠いっぱい」受け取った。ブランシオンにそれを送ったのは、ブスベックの後任大使として１５６９から74年にかけてウィーンからイスタンブルに派遣されたチャールス・ライムである（チューリップ導入初期の頃、ブランシオンは自身の名を冠した栽培種を持つ数少ない収集家のひとりとなった）。これら３人――ライ、ホーヘラント、ブランシオン――が取り組んだ栽培の詳細は、チューリップともっともかかわりの深い植物学者カロルス・クルシウス[12]と交わした書簡に残されている。

というのも１５６０年代からは、チューリップ収集家のネットワークはおもにクルシウスを中心にまわっていたからである。ネットワークの参加者は、オランダ、オーストリア、ポルトガル、イギリスの貴族階級をはじめ、商人、外交官、医者、アントウェルペンの出版業者クリストフ・プランタン、ブダペストのトルコ人総督、ロベリウス、カメラリウス、ドドゥンスといった植物学の専門家など、それこそ多岐にわたった。フランドルを代表する人文学者ユストゥス・リプシウスは「その知識……そして多くの人々に示した寛大さに鑑みれば、あなたは国中の美しい庭園の父」とクルシウスに賛辞をよせた。リプシウスはチューリップ人気の高まりを「はしゃぎすぎ」と暗に風刺しているが、チューリップを贈ってくれたクルシウスに対しては、「あなたが金や銀でできた球根を山ほど送ってくれたとしても、これほど大切には思わないでしょう」と心からの感謝を示した。

1614年、壮年期のルーベンスは1604年に亡くなったリプシウスに敬意を表して、在りし日の肖像画を描いた。絵の左側に立っているのが画家自身、その右がリプシウスの信奉者で先年他界した兄のフィリップである。豹の毛皮をあしらった学者用の衣裳をつけて講義をするリプシウスの隣には、ペンの準備を整えた弟子のウォウェリウスが座っている。彼らの頭上の壁龕《へきがん》［彫像などを置くため壁面に設けられたくぼみ］には、ローマ帝政初期のストア派哲学者で悲劇的な最期を遂げたセネカの胸像が、4本のチューリップとともに飾られている。もっとも珍重された縞柄のチューリップ2本は完全に開花しており、栄光の生涯を終えたふたりの人物をあらわす。一方、開ききっていない2本のチューリップは、まだ人生の道なかばのふたりを意味する。すでにチューリップが芸術上の象徴的シンボルになっていたことを示していて、興味深い。

クルシウスはフラマン人（フランドル地方出身）で、本名をシャルル・ド・レクリューズという。1526年にアラス（現フランス北部の都市）で生まれ、まずルーヴェン・カトリック大学で学んだ。しかし若者はそれだけにとどまらず、1549年にはドイツのヴィッテンベルク大学でルター

ペーテル・パウル・ルーベンス『四人の哲学者』1611 ～ 12年頃、油彩、板。

の宗教改革論に共鳴する神学者・人文学者フィリップ・メランヒトンの教えを受け、その後フランスのモンペリエで植物学——当時は薬草学として医学の一部門だった——を学んだが、1554年にあわただしくその地を去った。フランスでカトリックとプロテスタントの宗教的対立が激化していく時期と一致するため、クルシウスはカトリックを捨てたのだろうと考えられている。そうだとすれば、彼が職を転々としたことや、ウィーンのハプスブルク家との関係がぎこちなかったことが腑に落ちてくるだろう。

クルシウスは享楽主義者ではなかった。むしろメランコリックな独身者だったが、その魅力や寛大さ、知性ですばらしい友情を築いた。1560年から1609年のあいだに手紙を交わした人物は300人以上におよぶ。恒久的な自分の庭園は持たなかったが、裕福な園芸家たちの庭園——クルシウスは造園や植栽をたびたび手伝った——は実験精神にとんだ彼の人生の一部となった。仲間の園芸家と交わした手紙では、正しい栽培条件がよく話題にのぼった。ブリュッセルのジャン・ボワゾー（植物学者リプシウスの友人でもあった）は1570年代に種子からチューリップを育てており（この方法だと花が咲くまで6~7年かかる）、彼がクルシウスに伝えた話によれば、頻繁に植え替えないのが肝要であること、寒さより湿度のほうが悪い影響を与えること、藁《わら》で囲うと「元気に育つための空気と光を遮断するから」よくないことを発見したという。1582年にボワゾーがクルシウスにあてた手紙には、チューリップの品種が増えてきたと書かれている。

今年咲いたチューリップのうち、もっとも美しいのは白と赤と黄色が混ざったものです。それとは別の白で先端が赤い花は、白いエドゥアルドの種子からできました。この種子からは、ほとんどが紫色の花も咲きました。わたしの姉妹のデ・ティスナクは、全体が白で先端だけが赤いものや、白と黄色とオレンジが混ざった遅咲きを所有しています。これほど美しいチューリップはめったに見られません。わたしにも、黄色で基部が緑の遅咲きがあります。今年のチューリップに関しては一安心です。[13]

園芸をする人なら、クルシウスの文通相手が庭の花や樹木に夢中になるのは驚きでもなんでもないだろう。しかしこの激動の時代において植物に愛着をよせることは、宗教戦争のせいで増大した人生の不確実性に対抗する手段だったに違いない。たとえば、ジャン・ボワゾー――彼自身はネーデルラントを治めるスペイン・ハプスブルク家への忠誠心を捨てなかった――のふたりの甥は、宗教対立と独立のからんだ争乱で命を落とし、国土は結局南北のふたつに分かれた。サントメールのシャルルや王女マリ・ド・ブリムなどクルシウスの後援者の庭園は戦闘で破壊された。

画家のピーテル・ブリューゲル1世は、当初からネーデルラントのスペイン支配に反対していた。彼が1565年に死んだとき、未亡人は謀反の証拠になりそうな品を大量に処分したが、息子たちは父の下絵や構図をもとに独自のキャリアを築いていった。ピーテル・ブリューゲル2世の油彩画『春』は、父の「四季」シリーズの失われた原画をもとに制作された。しかし寸分たがわぬ模倣作ではなく、花壇にチューリップがたくさん植えられているところが違う。おそらく父ブリューゲルはこの花を知らずに他界しただろう。

ピーテル・ブリューゲル2世『春の花壇の準備』1630年頃、油彩、板。同名の父ピーテル・ブリューゲルが1565年頃に制作した『春』の模倣作。原画は紛失している。

1568年から1573年までのあいだ、クルシウスはメヘレンに腰を落ち着け、ヨリス・ライやジャン・デ・ブランシオンらと園芸にいそしみ、チューリップを贈ったり贈られたりしながらすごした。1573年、神聖ローマ皇帝マクシミリアン2世から新しい植物園の園長になってもらいたいとの依頼があり、クルシウスはウィーンに向かった。そこで出会ったのが、ブスベックが持ち帰った球根や、「ビザンティンの種子」から生まれた数々のチューリップである。クルシウスは夢中になってそれぞれの特徴や花色の目録をつくった。そして1576年、自身初の本格的な植物学書『稀産植物小誌 *Rariorum aliquot stirpium*』を出版する。1564から65年にスペインで調べた植物を中心とした内容だったが、補遺の「トラキア」の項にチューリップを含めた。クルシウスが考案した分類のひとつ、「早咲き、中生、遅咲き」は現在も使われている。チューリップの花弁に異なる色の筋がつく「色割れ（ブレーキング）」については論じられておらず、それは最後の大著──1601年の『稀産植物誌 *Rariorum plantarum historia*』──を待たねばならないが、その特徴はずっと前から園芸仲間と話題にしていたものだった。

さて、自著出版直後の1577年にマクシミリアン2世が亡くなり、息子のルドルフ2世が即位したが、クルシウスにとっては友好的なパトロンではなかった。新皇帝の治世は厳格なカトリック主義でおこなわれ、しかも植物園は乗馬学校に転用されてしまった。クルシウスと彼が管理する植物は、ふたたび園芸好きな貴族階級の用をたすだけになった。クルシウスの左遷は奇妙な出来事だったといっていい。というのもルドルフ2世は新奇な科学や芸術に目がなく、厖大なコレクションを誇ったばかりか、芸術好きが高じて画家のジュゼッペ・アルチンボルドに廷臣や自分自身の肖像

ヨリス・ホフナハル画のチューリップと毛虫と梨。『カリグラフィー集成』(1590年頃)より。クルシウスが導入したチューリップのひとつと考えられる。

画を――野菜を組み合わせて人物を構成する手法で――描かせたりしたほどだったからである『『ウェルトゥムヌスとしての皇帝ルドルフ2世像』」。１５９０年代にルドルフの宮廷画家のひとり、ネーデルラントのヨリス・ホフナハルが優美な花や果物の挿絵入りの『カリグラフィー集成 *Mira calligraphiae monumenta*』（装飾文字を用いた書法のコレクション）をつくったが、そのなかに2色の園芸チューリップの絵がいくつかある。黄色の花びらに薄く赤がはいっているもの、ピンクの花びらが白に縁取られているもの、そして緑の縞がはいっているものだ。[14] クルシウスが丹精こめて育てた系統が宮廷に残っていたのだろうか？　それともクルシウスは１５８７年に――大きな安堵とともに――フランクフルトへ旅立つとき、何ひとつあとに残さず、一切合切を持っていったのだろうか？

フランクフルトの職は、ドイツ中部のヘッセン方伯《ほうはく》の招聘によるものだった。クルシウスは旧友カメラリウスのあとを継いでそこの植物園の管理者になった。旧友はすでにチューリップを植えており、それが見事に開花したことを喜んだ。彼らはヴィッテンベルクの学生時代に知り合ってからというもの、ずっと文通を続けていた。カメラリウスは１５８８年に出版した『医師の庭園 *Hortus medicus*』のなかで、ヨーロッパ各地でチューリップの普及にクルシウスがどれほど貢献したかを強調している。翌年、クルシウスは友への手紙にこうしたためた。

花を咲かせたチューリップの球根を友人たちに2、３００個送らない年はありません――でも自分の庭も美しくしたいと思っています。ほかの人のためだけにせっせと働いていたら、ただのとんまですから。[15]

1593年、67歳の老植物学者は最後の旅に踏み出した。クルシウスのために新設植物園の監督職（植物学の名誉教授）を用意したマリ・ド・ブリムとヨハン・ホーヘラントの勧めで、ネーデルラントに戻ろうと決心したのである。彼が向かったライデン大学の設立は1575年。オランダ独立戦争時、ライデンはスペイン軍による絶望的な包囲を受けたが、それからわずか3年後に誕生した大学である。耐え忍んで手にしたライデン包囲戦の勝利は、スペインとの戦争の流れを変える重大な転換点だった。北部7州——現在のほぼオランダにあたる地域——は1581年に独立を宣言してネーデルラント連邦共和国として出発し、ライデン大学はそのシンボルだったが、さまざまな学部をつくるのに難渋していた。クルシウスにもためらいはあったが、最終的に稀少な植物や種子を大量にたずさえてフランクフルトから帰還した。

現在、ライデン大学植物園には、クルシウスがつくったとおりの「庭園《ホルトウス》」が復元されている——独立した長方形の敷地を4つの区画に分け、それぞれに細長い花壇を何列か設置し、花壇周囲の舗装した通路には鉢植えの植物がおかれている。クルシウスの同僚は医師だった。つまり、この植物園の本来の目的は医学部のための薬草園だったのである。1598年、初期解剖学の学者ピーテル・パウ（ラテン名ペトルス・パウィウス）がクルシウスの同僚に加わった。この頃は、解剖学派の名声を一躍高めた人体解剖が流行しはじめた時期だった［ライデン大学には学生だけでなく、一般人も入場料を払って見学できる解剖「劇場」が1596年に設けられた］。

キュー王立植物園に咲くツリパ・クルシアナ（オランダのライデン大学植物園の「クルシウス庭園」にも咲いている）

クルシウスはライデンで、何人かの昔なじみの友人や文通相手と再会した。そのうちのひとり、医学友愛会会員のクリスティアン・ポレトは、「三賢王の印《しるし》」という施設で薬剤師をしていた。南部のカトリックによる迫害から逃れてきたポレトは熱心な植物収集家であり、実験的な栽培にもさかんに取り組んだ。あつかいのむずかしい植物であっても、植える場所や光の加減、湿度を変えることによって花を咲かせる手腕にかけてはクルシウスをしのぐ場合もあった。だからこそ、クルシウスのチューリップ・コレクションの大半をポレトが継承したのだろう。ポレトの植物交換ネットワークには、有名な花愛好家で、イスタンブルからの直送品を受け取れるフィレンツェ貴族のマッテオ・カッチーニがいた。また、アントウェルペンからライデンに移ってきたダニエル・ファン・デル・ミューレンもそのひとりだった。裕福な商人ですばらしい庭園を所有する彼の屋敷は、名士たちの交流や本の貸し借りや芸術鑑賞の中心地ともいうべき場所となっており——耳が不自由で短気なホーヘラントよりもずっと愉快な人物だった。とはいえ、ホーヘラントはクルシウスのよき友人として深い絆でむすばれていた。

ホーヘラントの手紙から、わたしたちはさまざまな事柄を知ることができる。たとえば、彼は１５９９年に完全な縦縞模様のチューリップ（cuius flos omnia folia mucronata habet）をつくった。花色の印をつけた紙にくるんだ球根や種子がクルシウスからたくさん送られてきたこともあった。また、ホーヘラントは画家に自分の花を描いてもらっていた。彼はある女流画家を——花の季節になると結婚式用の絵の注文に忙殺される点が不満ではあったものの——彼女が１５９２年に亡くなるまでずっと雇っていたのである。[16]次に雇ったのが、ヤーコプ・デ・ヘイン２世だ（別名ジャック）。

ヤーコプ・デ・ヘイン2世『ヴァニタス』1603年、油彩、板。

アントウェルペン出身のデ・ヘインは成功をおさめた画家一家のひとりで（レンブラントが彼の息子の肖像画を描いている）、1590年代なかばからライデンを本拠にしたあと、1605年にハーグに移ってオランダ総督オラニエ公マウリッツに仕え、おもに戦争画や宣伝用の版画を作成した。

1603年作の壁龕《へきがん》におかれた頭蓋骨の絵は、台頭しはじめた静物画のごく初期の例である。頭蓋骨や砂時計などをあしらった寓意的な「ヴァニタス（生のはかなさ）」絵画もその一分野だった。ヴァニタスという語は、旧約聖書の「なんという空《むな》しさ、なんという空しさ、すべては空しい」［「コヘレトの言葉」1章2節／新共同訳］に由来する。人生の虚栄と世俗的な追求をいましめる一節だ。ヤーコプ・デ・ヘイン2世は、開花したチューリップ――ホーヘラントかクルシウスが育てたものだったかもしれない――を不気味な設定に対比するものとして用いた。画面中央の頭蓋骨の隣には、灰から煙を立ちのぼらせる鉛の骨壺がおかれている。上方には、やはりヴァニタスの象徴である泡が描かれ、運命の輪、ハンセン病患者が持たされた拍子木、壊れたグラス、燃えあがる心臓（おそらく反カトリック）などのイメージが浮遊する。泡そのものの表現は見事というよりほかになく、デ・ヘインの技量の証といえよう。棚の下におかれた硬貨もヴァニタスを象徴するが、メダルのほうは政治性を隠そうとはしていない。金色のメダルの人物は、神聖ローマ皇帝にしてスペイン王のカール5世と母后の狂女フアナであり、ネーデルラントは彼らの治世からハプスブルク帝国内で過酷な圧政に苦しむことになったのだ。一方、1602年と刻まれた銀色のメダルは、2隻のオランダ船がセントヘレナ沖でポルトガルのガレオン船を拿捕した記念である。デ・ヘインがチューリップを新生オランダ国家になぞらえたのはまちがいない。

オランダの多くの町が戦争の脅威と新興勢力や繁栄のあいだで揺れていたが、ミデルブルフほど極端な例はほかにないだろう。1590年代、ここでチューリップ愛好家の新たなサークルが生まれた。オランダ南西部のミデルブルフは、ライン川やムーズ川、スヘルデ川が海に流入する半島内の島にある小都市にすぎなかった。ところが1585年にアントウェルペンがスペインに降伏し、オランダが港を封鎖したため、近在の安全な場所を求めて商人や専門家が押しよせ、ミデルブルフの人口と富はふくれあがった。17世紀前半には、それまでのフランスとのワイン貿易やイギリスとの織物貿易に加え、東インド会社からのスパイスや舶来品、西インド会社からの砂糖や奴隷の取引でますます栄えた。新たな繁栄が生まれれば、贅沢を支える芸術家や商人の需要が高まる。やがてミデルブルフはアムステルダムにつぐオランダ第二の都市になった。

そうした最富裕層のなかに、商人のシモン・パルダンと弟のウィレムがいた。クルシウスが1593年にネーデルラントに到着した1か月後、ウィレムは帰還を祝う手紙とともに、ワイン、オレンジ、レモン、ザクロの贈り物に「わたしの花と薬用植物」と題したカタログを添えて送り、好きなものがあったら申し出てほしいとクルシウスに伝えた。クルシウスが返礼に誰もが飛びあがって喜ぶ球根を贈ったところ、それに続くやり取りのなかで、新鮮な驚きの到着を待ちわび、集まっては議論するグループができあがった。「わたしたちはご馳走に舌鼓を打ちながら、美しい花をながめて楽しみ、植物についてわいわいと語りあいました」[17]

地元の聖職者ヤン・デ・ヨンへは、自分の花を絵にしてクルシウスに贈った。人文学者トビアス・ロールスは、クルシウスがフランクフルトで知り合った古なじみだった。1592年に地中海地方の冒険から戻ったばかりのヤン・ソマーは――短期間ながらトルコ船の奴隷にされていたこともあった――クレタ島、キプロス、トルコやそれ以東の花について知識をどっさり仕入れてきた。ほかの人々と同じく、ソマーもクルシウスが育てたチューリップがほしくてたまらなくなり、黄色のアミガサユリと赤いマルタゴンリリー［ヨーロッパからシベリアにかけて分布するユリで下向きに咲く］1本ずつを献上するから「あなたの美しい色のチューリップを数本」もらえないかと手紙に書いた。ソマーが所有する小さな白いチューリップはほんとうにイタリアのメディチ家の庭園にあったものらしい、と誰かが小声で噂話をはじめると、ミデルブルフのエデンの園に嫉妬の火花が散った。そのチューリップとは、おそらくクレタ島原産のツリパ・クレティカだろう。それならソマーが野生種を収集できただろうから。もちろん、イタリア経由で別の収集家にわたったものだった可能性はある。

ミデルブルフの愛好家集団には、のちにチューリップの絵で有名になる画家たちもいた。アンブロシウス・ボスハールト1世は1587年から1593年のいずれかの時点にアントウェルペンから移り住み、オランダ花卉《かき》画（観賞用の花の静物画）の第一世代を育てた。彼のもとで修行したのは3人の息子のほか、1609年に弟子入りしたバルタサール・ファン・デル・アストや、師匠や仲間がミデルブルフを離れてからも1628年までは確実に同地にとどまっていたクリストッフェル・ファン・デン・ベルへなどがいる。ボスハールトが初期に描いたのとまったく同じチューリップ――とくに赤と黄の2色のもの――が、世代を超えて弟子たちの絵に登場することがある。まるですぐれたお手本をずっと構図に組み入れ続けたかのようだ。彼らが描いたのはミデルブルフの愛

アンブロシウス・ボスハールト1世『ガラスの花瓶に生けた4本のチューリップ』1615年、油彩、銅板。

好家たちが育てた花である。彼らの庭園は、オランダ花卉画のゆりかごになったのである。

さてミデルブルフには、1595年から1603年まで著名な医師ロベリウス（マティアス・デ・ロベル）も住んでいた。クルシウスと同じフラマン人である。1538年にリールに生まれた。ルーヴェンとモンペリエで学んだあと、医学をおさめるかたわら植物学もきわめ、数々の重要な著作を残した（葉の形による植物分類までこころみた）。チューリップとのかかわりはクルシウスほど強くないにしろ、初期のフラマン人栽培家——ヨリス・ライ、マリ・ド・ブリム、ジャン・デ・ブランシオンなど——をはじめ愛好家たちとの親交は深く、「めずらしい植物にかけては、フランドル以外のヨーロッパ全土の庭園をあわせてもフランドルの足元におよばない」と述べた。1581年、ロベリウスはアントウェルペンの著名な版元クリストフ・プランタンから初の植物図版集『植物図譜 *Plantarum seu stirpium icones*』を出した。チューリップの絵は24枚あるが、白黒の木版画のうえ、「リリオナルキッソス・ルテウス・ポエニコ」のような名称がつけられているため、種類の判別はむずかしい。それでもこの本の図版は、植物に別の名称がつけられたりしながら、クルシウスの著作を含めてその後の刊行物に転用され続けた。

1569年以降、ロベリウスは故国の争乱を避けてイギリスに仕事を求め、その地の初期チューリップ栽培家と知り合った。ロベリウスの後援者はエドワード・ラ・ズーチ男爵という外交官で、ヨーロッパ各地の植物愛好家とつながりがあった。ロベリウスはロンドン北東部ハックニーにある男爵の庭園を管理し、植物のコレクションを充実させて、自身のサークルを築いた[18]。ロンドン一のチューリップ収集家はジェームス・ガレットだった。ジョン・ジェラードは1597年の自著『本草書*Herball*』でガレットに次のような賛辞を送っている。

わが親愛なる友、薬草の求道者にしてロンドンの博識な薬剤師たる彼は、数かぎりない種類のチューリップを見つけることにその身を捧げ……20年もの長きにわたり……年ごとにさまざまな色の新種を作出し……自然はほかのいかなる花よりもこの花に心を傾けているに違いない。[19]

ジェラードは多彩な花色だけでなく、ガレットの庭のチューリップが大形化したのも目にした。「ほかのものよりもずっと大きく、茎の丈は30センチもあり、その先端にゴブレットのような花が燦然と輝いている」。またクルシウスの仕事に対しても「少なくとも35年間チューリップの種をまき続けた」と謝意を述べ、そして聖書に思いをはせる。

救世主イエスが語った「野のユリ」とは、「栄華をきわめたソロモンでさえこの一輪ほどにも着飾っていない」とした花とは、まさにこれだとわたしは確信している。第一に、この花がユリに似ていること。第二に、救世主が住み給うた場所がこの花の自生地であること。第三に、花色の数も、驚くばかりの色の混ざり具合も、無限だからだ。[20]

植物学を独学で学んだ床屋外科医のジェラードは盗作者だったのかもしれない——彼の本は他人の著作のつぎはぎ細工だ、と非難する人もいた。だが、ジェラードは親友のロベリウスとジェームス・ガレットに一応は内容のチェックを頼んだのだ（その後、友人たちが見つけたまちがいをすべて訂正したら出版が没になるかもしれないとおそれて、原稿を回収してしまった）。いずれにせよ、彼の抒情的な描写力は同時代のまっとうな専門家たちをはるかに凌駕しているのだから、それに免じて大目に見てあげるべきだろう。

ガレット一族は1569〜70年頃にアントウェルペンからロンドンに移住し、亡命プロテスタント・コミュニティの中心になった。ライム街に居をかまえ、オースティン修道院内のオランダ改革派教会で礼拝をし、スパイスや香料、医薬品――彼らの売るアヘンはロンドンの最高級品だった――のほか、舶来の自然物を商っていた。父親のジェームスは1560年代からクルシウスを知っていたと思われるから、1570年代に初めてイギリスにチューリップを導入したのはガレット家である可能性はひじょうに高い（海外見聞録の収集で名高いリチャード・ハクルートが1581年の〈コンスタンティノープルで求められた物品の覚書〉に、「この4年間にウィーンの探索者経由でチューリップなどがイギリスにはいってきている。チューリップは高名なカロルス・クルシウスが少し前にコンスタンティノープルから入手したものだ」と記載しているので、導入の時期と出所をある程度特定できるだろう）[21]。ガレット家とクルシウスの文通は続き、息子たちの代に引き継がれた。ジェームスはロンドンにとどまり、ペーテルは1593年にアムステルダムへ移って砂糖をあつかい、家業の拡大をはかった[22]。ジェームスはイギリスの探検家フロビッシャーやドレイク、ローリーの航海に医薬品を提供した（1581年、クルシウスはロンドンのガレット家にかけつけ、フランシス・ドレイクが世界周航から持ち帰った品々を見ている）。また1580年代には、ロンドンに滞在していたプロテスタントのフランス人画家ジャック・ル・モワーヌが、『ピクト人の娘』という不思議な裸像を描いている。素肌は花に埋めつくされており、両脚に赤と黄のチューリップが見える［ピクト人は古代のスコットランドに在住していた部族で、身体に彩色したり刺青をほどこしたりしていたという］。

残されている書簡から、クルシウスたちのサークルが、植物の交換に金銭をからませるべきではないと考えていたことはあきらかだ。それは基本的に――知識そのものと同じく――惜しみなく与えるものであり、また、そうすることが普及に最善の方法であると信じていたからだった。理想主義者のあいだでは、この方式は通用した。ガレット家のような成功した商人たちも公平なバランスを保っていた。が、それでもときおり緊張が走り、互いに相手のけちくささを非難した（つまりクルシウスに訴えた）。とくにフランス人に問題が頻発したらしい。

ボルドーの修道会士ルヴェニエは著作こそ発表していないが、植物に造詣が深かった。手紙によると、彼は赤と黄の花びらがそれぞれ3枚ずつのチューリップを所有しており、泥棒の問題に悩まされていた。昼間に庭を見に来た愛好家が、夜にこっそり盗みにはいるのである。だから忠実な下僕を見張りに立たせ、「強力な火縄銃と弾薬」で強盗連中を撃退しなければならなかった。ところがそのルヴェニエが、ライデンのヨハン・ホーヘラントと悶着を起こした。球根をあげたのにひとつも送り返してこないのだから金を払え、とチューリップ代金を請求してきた、といってホーヘラントはルヴェニエを非難した。フランスのアンリ4世の庭師で、チューリップ収集家としても有名なジャン・ロバンも吝嗇《りんしょく》だったようだ。ベルギーの古都トゥルネーのジャック・プラトーは

1602年、ロバンがパリから来たときの様子をこうクルシウスに書き送っている。

彼は町中の庭を訪れ、植物をどっさり集めるのです。そしてまた別の町で同じことをする……しかしこの16年というもの、わたしは1本の植物も彼から受け取っていません。わたしが「あげられない」というと、「売るならいいのか」と聞き返してきました。「売り物じゃない」と答えてやりました。わたしはフランス人を少しも信用していません。[23]

一方、1559年にヨーロッパのチューリップ史の幕を開けた赤いチューリップをゲスナーが見たドイツでは、チューリップの本格的な市場が開拓されつつあり、エマヌエル・スウェールツがフランクフルトの見本市で商売に力を入れていた。スウェールツはもともとアムステルダムでめずらしい品々を商っており、クルシウスの友人のひとりだったが、世紀の変わり目からチューリップはオランダの交易品になりはじめたのである。スウェールツの活躍はその転換点をよく映しだす。茶色の紙袋を積み上げただけの屋台に客は寄ってこないだろうと考えたスウェールツは、神聖ローマ皇帝ルドルフ2世から融資を受け、1612年にフランクフルトで『花譜 *Florilegium Amplissimum et Selectissimum*』を出版した。いわばカタログである。満開のチューリップが掲載されたが、彩色は球根につけられたラテン語の説明書き――「赤い大きな炎状模様のある黄色のチューリップ」など――を参照した。1614年には、オランダ人企業家クリスペイン・ファン・デ・パッセが同様のカタログ『花の庭園 *Hortus floridus*』をつくり、球根を保有する栽培者名に加え、付録として

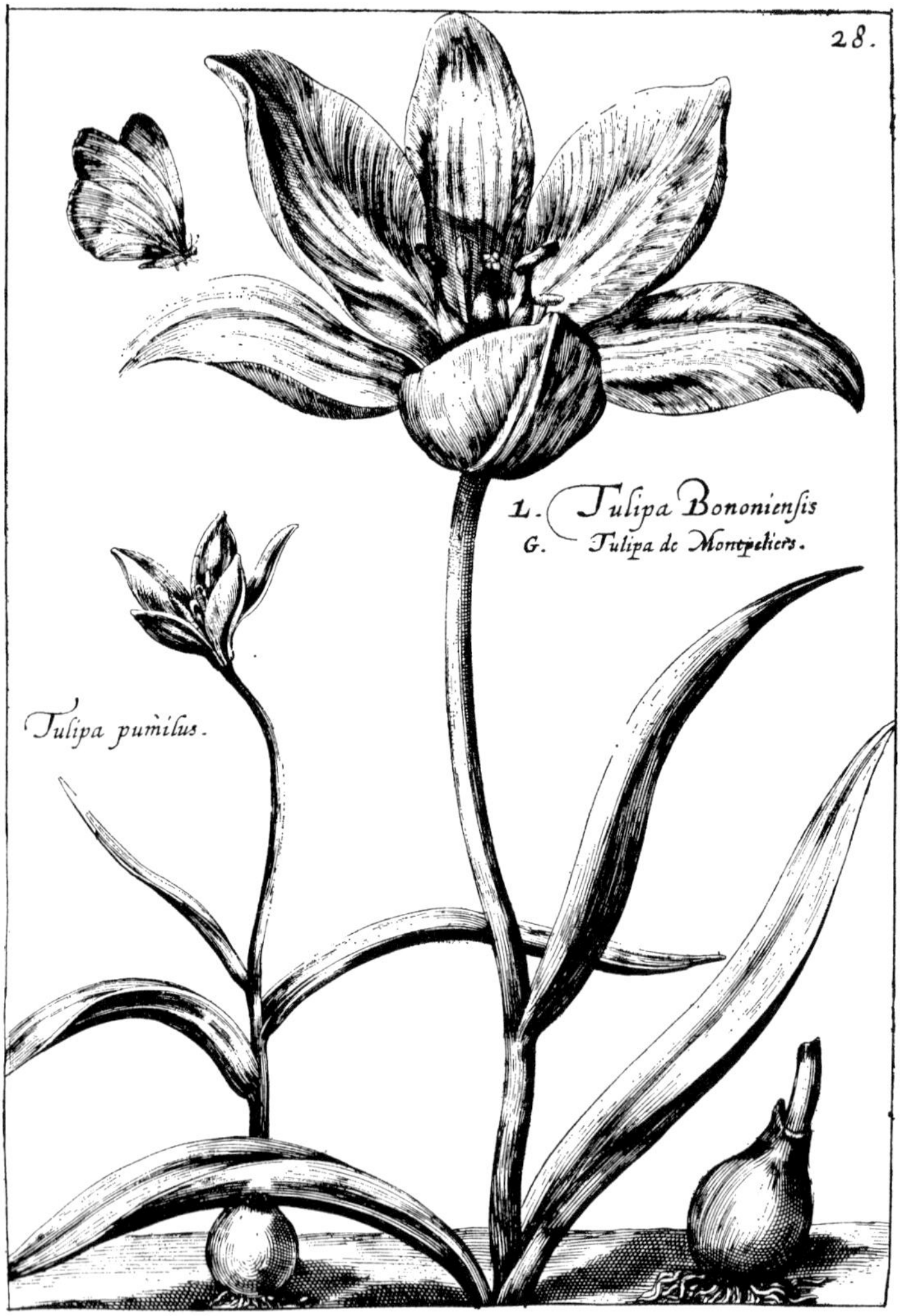

クリスペイン・ファン・デ・パッセ「細い葉のチューリップ」17世紀、『花の庭園』より。

収集家の名簿も掲載した（そこにはハーグのヤーコプ・デ・ヘイン2世の名前もあった）。オランダとドイツで球根売買がおこなわれていた証拠であろう。

デ・パッセのカタログは無彩色だったが垂涎ものの生命力にあふれており、ラテン語の説明に栽培者名が記されることも多かった（たとえば「ヤーコプ・ボンの白いチューリップ、赤の縁取り」の「ヤーコプ・ボン」は、オランダ西部ハールレムのチューリップ栽培者である）。これは、チューリップに個人名をつける流行の先駆けといえた。「ブランシオンの遺言」というチューリップは、クルシウスの旧友、メヘレンのジャン・デ・ブランシオンにちなんでつけられたものだ。

チューリップの商業カタログが登場すると、当然ながら個人が所有する名花選もつくられた。先陣を切ったのはまたもやドイツである。1613年、ニュルンベルクの植物学者で、クルシウスなど著名な専門家と親交の深いバシリウス・ベスラーが『アイヒシュテットの庭園 *Hortus Eystettensis*』を出版した。[24] ベスラーが描いた植物は、アイヒシュテット司教領の領主にして司教のヨハン・コンラート・フォン・ゲンミンゲンが所有するものだった。彼はヴィリバルトブルクの要塞兼居城をとりまくテラスに8つの庭園をつくるため、谷から肥沃な土を運ばせ、岩肌を土で埋めた。1596年から98年にかけてはクルシウスの旧友カメラリウスも造園にかかわった。厖大な植物コレクションには数百本のチューリップも含まれており、ベスラーの名花選にはそのうちの50以上が描かれている。

掲載された原種のなかには黄色のツリパ・シルウェストリスの姿もあった（名称はまだ「リリオナルキッソス」とされていた）。外側が緑色の花もおそらくツリパ・シルウェストリスと思われる。

バシリウス・ベスラー『アイヒシュテットの庭園』の挿絵（1613年）

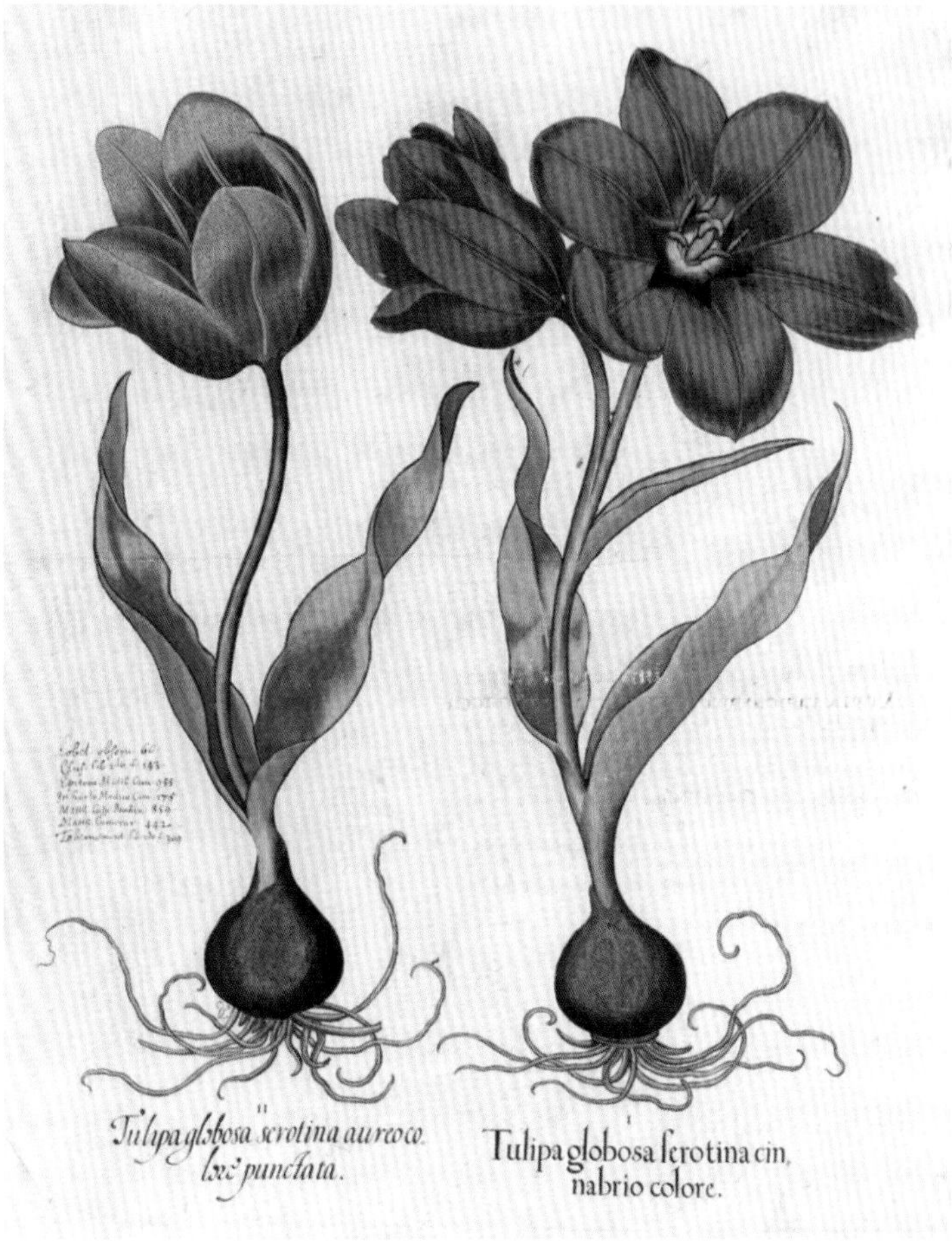

ツリパ・アゲネンシス（当時はツリパ・グロボサと呼ばれた）。バシリウス・ベスラー『アイヒシュテットの庭園』より（1613年）。

名称はツリパ・エクス・パッリド・トタ・ウィレスケンス（*T. ex pallido tota virescens*）。ツリパ・クルシアナの名称は、ツリパ・ペルシカ。ツリパ・プラエコクスは、赤と赤白の花の2種類がおさめられている。ツリパ・プラエスタンスは豪勢に茎に5輪の花を咲かせている。緋色の花を開いて黒の斑紋を見せるツリパ・アゲネンシスの隣には、黄色で外側がほんのり赤い種類が寄り添う――これらの名称はツリパ・グロボサ。花びらが白で斑紋が黄色の野生種は、おそらくツリパ・クレティカだろう。その近縁種のツリパ・サクサティリスは小さな紫の花として登場し、黄色の斑紋が外側から透けて見える。城主たる司教の庭の交配種には、さまざまな色合いの縞柄の花が何種類もあり、斑紋は多種多様で（青さえある）、八重咲きさえ2種類あった。

ベスラーの目的は、植物学的にも美学的にも満足のいく本を可能なかぎり早く出すことだった。切ったばかりの花は司教の城から80キロほど北のニュルンベルクへ絶えず送り出された。ベスラーは名花選の制作にかかわる画家や製版業者、印刷業者、彩色業者などをもてなし、初版は300部にのぼった。出版中に発注者の司教が死んだにもかかわらず、幸運にもこの宝を購入したいという大富豪たちがあらわれ、ベスラーはひとかたならぬ財を築いた。宗教戦争がヨーロッパを引き裂いていたときに、反改革派の司教が「花や鳥、黄金や宝石」に魅了されたことを「皮肉」と考える必要はない。おそらく彼は、教義上の解釈の相違よりも神の御手のなせるわざに信をおいたのだろう。クルシウスが1601年の『稀産植物誌』の表紙に書いた、「神は一木一草《いちぼくいっそう》に個性を与え、一木一草は神の宿りを証明する」という言葉のとおりに。

第4章　チューリップ狂時代

オランダに到着したクルシウスには、チューリップへの熱狂がどこへ向かうかが見えたのだろう。1594年、リプシウス（すでにチューリップ収集熱を「はしゃぎすぎ」と評していた）に次のような手紙を書いた。

園芸は商人や職人、労働者まで巻きこんでいるので、一般化されるでしょう。金持ちが友人に自慢したいがために、めずらしい植物に大金を投じる姿を目のあたりにしているのですから。[1]

実際には、クルシウスの先見の明にもかかわらず、愛好家たち――めずらしいチューリップの栽培は彼らの肩にかかっていた――は繁栄し続けたが、彼らとその追随者たちは伝説的な経済危機を引き起こし、実物教育の例として歴史に刻まれた。

17世紀のオランダは企業の発展にはまたとない国だった。海抜の低い、外国人が不健康な沼地とみなす国土を豊かにしようと奮闘してきた国民には、勤勉さが自然と身についていた。また、独立を勝ちとるための長い戦争によって、無鉄砲さと連帯感の両方が浸透したことに加え、南部の宗教弾圧から逃れてきた優秀な人材が大量に流入した。そしてなによりも、長年のくびきだったスペインに反旗をひるがえし、次々と発見される新しい国々との海上貿易で主導権を握ったのが大きかった。１６０２年のオランダ東インド会社に続き、１６２１年にはオランダ西インド会社が設立された。極東から運ばれるスパイスや中国磁器などの船荷は、どれほど高いリスクがあったとしても、従来の魚や木材、穀物、塩といった交易品よりもはるかに利益になった。危険のともなう海運業は商品が到着してから代金を支払うのが原則だったので、商業上の必要性から先物取引が生まれたが、賭博や投機もさかんにおこなわれた。サイコロを転がすだけではない——公的な資金集めのための宝くじが人気を集めた。管轄は市当局である。

　アムステルダムでは１６０１年に精神病院を建てるために、ハールレムでは１６０１年に救貧院をつくるために発売された。目的が公共の利益にかなうため、カルヴァン派（プロテスタントの改革派教会）の聖職者も宝くじを奨励した。こうした神意による富の再分配方式はすぐに広まった。物々交換で宝くじを買えたのでなおさらである。ミデルブルフでは画家マールテン・ファン・ヘームスケルクが絵1枚と引き換えに宝くじ１００枚を買ったし、織物やビールの大樽、武器を元手にする人々もいた。[2]チューリップも宝くじの対象になった。引きあてた球根がどうなるかはまさしく神のみぞ知ることとなのだが、そこに内在する稀少価値のために植物学者や園芸家だけでなく、一攫千金をねらう人々にとっても食指が動く賞品だった。

クルシウスと友人たちのあとに続くチューリップ愛好家たちは、花びらに美しい模様のある花を選んで繁殖させ、それに名前をつけて宣伝した（老いた植物学者はそうした名前をことのほか嫌った）。しかし、そうでもしなければ、どうやって個別の花の美しさを伝えて購入意欲をかきたてられるだろう？　ほかの名前といえば、ラテン語の羅列だけなのだから。ヨーロッパ諸国の言葉を用いた、詩的な形容のほうがずっとましではないか？　たとえば「羽根飾り《パナッシュ》」「大理石《マルブル》」「碧玉《ジャスプ》」「フランス風大理石模様」「トルコの紙（トルコ産の大理石模様の紙はコレクターズ・アイテムのひとつだった）」「大理石《ヘマルメルデ》」「寄せ木細工《マルケトリー》」「瑪瑙《アガト》」「瑪瑙模様」「縁取りがあるもの」「先端の色が異なるもの」「縞模様」「羽模様」「極薄」「炎」「斑点模様」「縁がぎざぎざのもの」「縁がのこぎり状のもの」「葉が羽様のもの」……。そうした名前のうち、「フィセロイ」は、国外の領土で王の代理を務める「副王」を意味した。白地の花びらに炎のような紫が走り、この花色の最高級品は「ビブロメン、あるいはフィオレッテン（すみれ色）」と呼ばれた。「アンヴェール・ボル」は、当時もっとも裕福なチューリップ栽培家のひとり、ハールレムのピーテル・ボルがつくったものである。彼は次々に名前を考案し、そのなかには「酒神《バッカス》ボル」というのもあった。貴族階級のボルは庭師の育成にも力をそそいだので、やがてそこから独立して一人前の種苗商になる者も現れた——たとえば、バレント・カルドゥスがハールレムにつくった「フローラの庭園」はオランダ有数の栽培場になった。

　ハールレムの球根商ヤン・ファン・ダマが1643年に死んだとき、チューリップを中心とする遺産の価値は4万2000ギルダーにのぼった。オランダ東インド会社の主力商人の財産に匹敵する額である。ハールレムの砂質の沖積土はチューリップ栽培に最適の土壌だったため、17世紀初頭

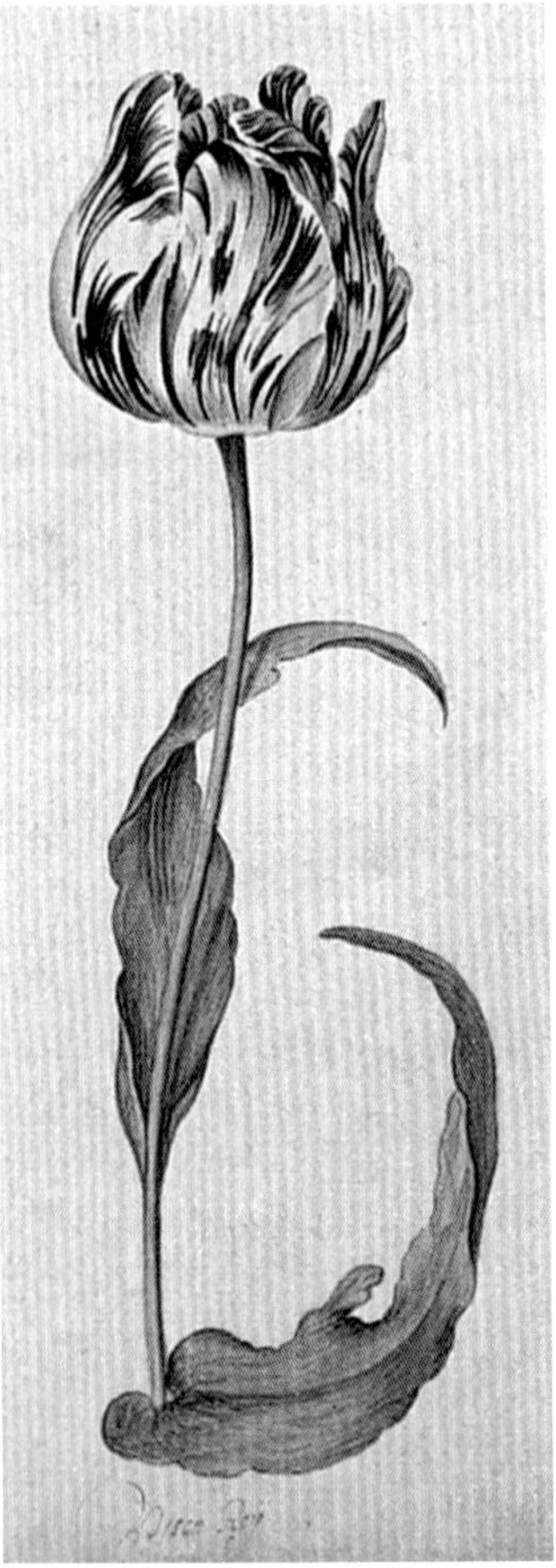 

栽培種「フィセロイ」（左）は紫白系チューリップの最高品種（ビブロメンと呼ばれる）。同「アトミラール・ファン・デル・エイク」（左）は高級な赤白系（ローゼン系）チューリップ。いずれもユディト・レイステルの『チューリップ図集』より（1643年編集）。

には大小の栽培場がここに集中した。とくに南のフローテハウト門を出たところの通りと、もうひとつの南門からのびるクライネハウト通り沿いにチューリップ畑がひしめいた。さらに南の都市フィアーネンでは、ユダヤ系ポルトガル人フランシスコ・ゴメス・ダ・コスタが、自分の名前を冠したチューリップを8種類もつくった（そのうちのひとつパラゴン・ダ・コスタの「パラゴン」〈模範の意〉には、従来の品種の最高峰という意味がこめられている）。

一方、なかには利益よりも楽しみのためにチューリップを栽培する庭園もあった。ハールレムの裕福な麻商人バルタサールとダニエル・デ・ヌッフィル兄弟の「約束の地」もそのひとつである。また、ホラント州の法律顧問アドリアーン・パウは、ハールレム近郊のヘームステーデに広大な地所を所有していた。東インド会社の商人でもあるパウの財産はひとかたならず、イングランド王妃ヘンリエッタ・マリアなどを招いて饗応する一方、地元の土地開拓事業にも熱心に投資した。ヘームステーデの館の庭園の中央には、稀少種ばかりを集めたチューリップ花壇がひとつあり、巧妙な角度で鏡を張りめぐらしたあずまやのまわりに花を植えていた。鏡の視覚的効果で、あたかもチューリップの絨毯が敷きつめられているかのように見せるためである。さすがのパウもそれほどの本数は入手できなかったのだ。しかしパウとチューリップの関係は伝説の域に達しており、パウは当時の最高級品種「センペル・アウグストゥス」の秘密の所有者だと広く信じられていた。

新品種のチューリップの命名権は生みの親の栽培家にあったので、響きのよい名前には似たようなものが続々と現れた。ローゼン系――赤と白の縦縞模様――では、初期の栽培者が名誉の証として選んだ「海軍提督《アトミラール》」が人気を博した。「アトミラール・ポッテバケル」「アトミラール・ファン・

デル・エイク」「アトミラール・リーフケンス」——いずれもオランダ建国のために戦った海軍の英雄ではなく、栽培家の名前である。ヘンリク・ポッテバケルはオランダ南部のハウダ［英語ではゴーダ、「ゴーダチーズ」のゴーダである］でローゼン系チューリップを専門とする園芸家だったが、彼の栽培場はのちに風刺画『花の女神フローラと愚か者の車』に描かれるという、あやしげな雰囲気を漂わせている。ローゼン系には「将軍《ヘネラール》」シリーズも登場した——「ヘネラール・ボル」はハーレルムのピーテル・ボルにちなんでいる——その次は「大元帥《ヘネラリーシモ》」、その次が「将軍中の将軍ハウダ」で、これは賢明にも「ハウダ」と略されるようになった。

　まったくややこしいことに、こうしたシリーズには例外がある。たとえば、「アトミラール・ファン・エンクハウゼン」と「ヘネラール・ファン・デル・エイク」は紫白系で、ローゼン系の赤白ではない。「デュク」は、アウドカルスペルのアドリアーン・デュクにちなんでいる。珍重されたが縦縞ではなく、赤い花びらに黄色の幅広い縁取りがある花だった。丈夫で安定していたからだろう、今日まで残っており、北ホラント州リンメンのブルボルム植物園で見ることができる。シュレンキー種が祖先ではないかと考えられている。花の静物画の初期に見られる「ラック」は、紫かピンクの花びらに白い縁取りだった。「ラック・ファン・レイン」「ラック・ファン・クアーケル」などが知られている（クアーケルもハールレムの著名な栽培家だった）。

　こうしたローゼン系のなかで、他の追随を許さない稀少性と美を誇ったのがセンペル・アウグストゥスである。模様のあざやかさと規則性が名声を生んだ。息をのむほど白い花びらの基部から血のように赤い炎が燃えあがり、その紅は縁を羽根のようにいろどる。どの品種よりも数多くチューリップの本に描かれたが、実際にその艶姿を見た人はほとんどいない。チューリップ年代記作家のニコラース・ファン・ヴァッセナールによると、「センペル・アウグストゥス」はオランダ生まれではなく、1614年頃にフランス北部で種から発芽したものがはした金で売られてきたのが最初だという。[3] こうして、完璧なチューリップを見つける夢に幸運という魅惑のスパイスが加わった。

17世紀になると「根切り屋《リゾトミ》」と呼ばれる旅まわりの球根業者が現れ、新種を得るためにベルギーからフランス、ドイツの庭園をめぐり歩いては、仕入れたものを収集家に売りつけた。クルシウスでさえ晩年には、根切り屋が持ちこむ品の誘惑にあらがえなかった。しかし、どれほどの権威であれ、たんなる茶色の球根からどんな花が咲くかは予言できない。こうした取引には詐欺や騒動がつきものだった。しかしセンペル・アウグストゥスはほとんど取引されなかったため、究極の理想の

「センペル・アウグストゥス」の水彩画。つねに天井知らずの高値がついた。レイステルの『チューリップ図集』より（1643年）。

栽培種「ライデンの赤と金」。赤黄系（ビザルデン系）でもっとも珍重された。レイステルの『チューリップ図集』より（1643年）。

地位を保ち続けた。1624年頃に12株だけ存在したらしいが、いかなる値段でも手放そうとしない謎の人物がすべてを所有していた。センペル・アウグストゥスの相場価格は1624年には1200ギルダーだったが、1625年には早くも2倍にはねあがり、1633年には5500ギルダー、ピークの1636～37年の冬には1万ギルダーと上がり続け、投機熱はおさまる気配がなかった。

縦縞模様のチューリップのうち、紫白のフィオレッテン系と赤白のローゼン系に継ぐ第三のカテゴリーはビザルデン系、すなわち黄色や金色の花びらに赤、紫もしくは褐色の縞がはいるものだった。初期の傑作には「ライデンの赤と金」という見た目どおりの名前がついた。後期になると、ローマ教皇の護衛兵の制服にちなんだ「スイス衛兵《スウィッツァー》」という名前が登場した。ビザルデン系はよくある品種だったので、ポンド重量単位で取引された。のちにイギリスの詩人アンドルー・マーヴェルはイングランド内戦前の時代を懐かしみ、こううたっている［内戦は王党派と議会派のあいだで1642〜51年にかけて3次にわたって争われた］。「チューリップは、そう、色とりどりの縞模様で、われらが近衛隊のスイス人傭兵だった」[4]

なるほどと思わせるもうひとつの名前は「道化の衣裳」――宮廷の道化のお仕着せは派手な色を組み合わせていたからである。常軌を逸したチューリップ収集熱が高まるにつれ、チューリップに道化や愚か者をからめる風潮が出てきた。風刺画家がそれを見逃すはずはない。1614年には早くもルーメル・フィッセルが、チューリップや珍奇な貝殻の木版画に「愚か者にたまる金なし」などの格言を添えた『寓意図像集』を出版した。チューリップ市場が崩壊すると、あざ笑う風刺は最高潮に達し、まだらの服を着た愚か者を主題にした版画や絵画が次々に制作された。

相場崩壊直後の1640年頃、ヘンドリック・ポットは『花の女神フローラと愚か者の車』を描いた。（カタログ『花の庭園』を出版してチューリップ狂騒曲の一翼をになったクリスペイン・ファン・デ・パッセは、なんとこの絵の銅版画版を作成した）。花の女神フローラが乗る車は、中央に立てた帆に風を受けてハールレムをひた走っている。遠景の海にはチューリップの先物取引――当時の人々は「風との取引」と呼んだ――で失敗したのか、転覆した船が見える。チューリップの花束をかかえたフローラの同乗者は大騒ぎの真っ最中だ。3人の道化は道化帽にチューリップをさしている。銅版画のほうは絵画版より辛辣で、意気揚々とひるがえるチューリップ旗には「センペル・アウグストゥス」「ヘネラール・ボル」「アトミラール・ファン・ホールン」などの名前が書きこまれてあり、地上には車輪に踏みにじられた「フィセロイ」や「ハウダ」が点々と散らばってい

ヘンドリック・ポット『花の女神フローラと愚か者の車』1640年、油彩、板。

る。豪華な旅行用時計が残り時間の少なさを刻々と示し、マストの上の猿は下に向けて糞をひる。

同じく１６４０年頃、ヤン・ブリューゲル2世は郊外の庭園につどう猿を人に見立てて、チューリップ取引の寓意画を描いた。花壇に咲く高級品種を調べる猿、手にしたリストを食い入るように見つめる猿、お金を数える猿、宴会に興じる猿、けんかをする猿……取引の一部始終が一枚の絵にあらわされている。

チューリップの取引では、芸術性の高い挿絵入りの見本帳もつくられた。ページを繰るごとに心ときめくような水彩画が現れる。名前は載せられているが値段はない。こうした本は、個人の収集家のためだけでなく、種苗商用のカタログや、重要な競売の宣伝用に作成された。用途はどうあれ、価格とは変動するものだが、ただ1冊、相場崩落がはじまった運命の１６３７年に刊行された見本帳——ピーテル・ホルステイン2世がコスという栽培家のために描いたもの――だけが、すべてのチューリップに名前のほか、価格と重さを掲載している。大急ぎでつくったのだろう、葉や茎は助手が仕上げ、ホルステインは重要な模様入りの花びらだけを担当した。[5] アムステルダムで出版された見本帳は、大半がアントニー・クラースゾーンの手になるものだが、ハールレムの高名な女流画家ユディト・レイステルが1643年にローゼン系チューリップの絵を2枚提供したことから、「ユディト・レイステルの『チューリップ図集』」と呼ばれるようになった。こうした図集には、ヤーコプ・マレル、アンブロシウス・ボスハールト2世、ライデンのヤーコプ・ファン・スヴァーネンブルフ（若き日のレンブラントの師）などの画家も絵をよせた。

芸術性の高いチューリップ画は、嘲笑的な風刺画に負けず劣らず球根取引の危険性をあらわにする。たとえば、ローゼン系の美しいチューリップ「ソマースフーン」は多くの図集に登場する。卵形の花びらの先端はときには丸く、ときにはとがり、カールする方向も内側だったり外側だったり、さまざまだ。白い花びら全体に赤が羽状に散る一方、中央の花脈に沿って縦に縞が伸び、基部は黄色みをおびる。ただ、使われる赤は朱色から赤紫まで幅広く、ピンクさえしばしば認められ、特徴はほかのローゼン系と大差ない。ほとんど同じ模様なのに、どうやって品種を見分けるというのだろう？　また、画家がほかの画集の花をまねて描いて、別の名前をつけただけという可能性は排除できるのだろうか？　購入できないもの（たとえばセンペル・アウグストゥス）を掲載している可能性は？　花の正体にかかわる論争がチューリップ取引の記録をドラマティックにしているのはまちがいない。

当時のオランダでは金融規制が敷かれていたから、完全に自由な取引はありえなかった。金融の中心はアムステルダムである。1576年にアントウェルペンがスペインに降伏したあと一気に重要性が増し、同心円状に運河が連なる大都会に整備された。保証協会、為替銀行、貸出銀行、そしてなによりも証券取引所が諸外国をあっといわせた。1616年にイギリス大使ダドリー・カールトンはこう述べている。「あらゆる国、あらゆる職業、あらゆる宗教の人々がこぞってひとつの仕事のために集まっている。つまり商取引だ」[6]。1610年に営業を開始した証券所での取引は（それまでは橋や教会でその場しのぎにおこなわれていた）、正午から午後2時までと決まっていた。正規の仲買人はあつかう商品の免許を取得しなければならず、品目は宝石から砂糖まで数百種類にのぼった。かぎられた時間内の取引は必然的に奔馬のようなスピードでおこなわれ、取引成立後は悠長な握手のかわりに手をたたくのが恒例になった。隅のほうでは正式の免許を持たない、一匹狼の業者が小口の取引をねらって交渉していたが、それはひょっとしたら代金の支払いも商品受け渡しもない先物取引だったかもしれない。盗み聞きをする連中がうろつきまわり、取引の詳細と見通しの情報を集めていた。

しかし、チューリップが正規の証券取引所であつかわれることは一度もなかったのである。経済全体から見れば半端な商品にすぎないチューリップをあつかう投機家——利益のみを追求する彼らは「フロリスト（花屋）」を自称した——は組合のような団体を自分たちで設立するようになった。チューリップ取引をしたい者はかならず会員にならなければならず、主要な都市すべて（ハールレム、アムステルダム、デルフト、エンクホイゼン、ホールン、アルクマール、ライデン、ユトレヒ

オランダ派の逸名画家『チューリップ取引の寓意』1640年頃、油彩、板。

ト、ロッテルダム）で組合が設立され、あらゆる売買の仲介人と立会人を手配し、手順を取り仕切った。そのひとつが「Ｏ《オーチェ》方式」と呼ばれるミニ競売である。競売参加者は「小さなＯ」のなかに自分の思う金額を書き入れ、入札が終わって価格が決定すると、係がそれを「大きなＯ」で囲む（この売買方式はオランダ語で「うまく人をだます」という意味の慣用句になった）。売り手が決定価格を拒否した場合、価格の数パーセントをわび料として相手に支払う決まりだった。こうしたフロリスト集会はたいてい居酒屋でおこなわれており、売買から徴収される一定の手数料がみんなで豪勢に飲み食いする代金にあてられた。ヤン・ステーンなどの画家が描いた居酒屋の絵から、たばこの煙がたちこめる部屋で酒に酔いしれ、浮かれ騒ぐ当時の人々の風俗を知ることができる。

　チューリップ取引の実態をいきいきと――かつ唯一詳細に――伝える資料は、風刺をきかせた小冊子である。誇張した表現とはいえ、根底にある現実があざやかに浮かびあがってくるからだ。

1637年、ハールレムきっての出版業者アドリアーン・ローマンが『正直者《ワールモント》と欲ばり《ハールフート》の対話』という小冊子を刊行した。正直者ワールモントは自分の仕事に精を出し、欲ばりハールフートは仕事道具を元手に変えて、球根を売買しながら町から町へと渡り歩くフロリストになった。[7] ハールフートが利益率は100パーセントと豪語する一方、織物職人のワールモントは売上の10パーセントしか手元に残らない――が、ハールフートはそのうちに、商取引の金の大半はまだ納金されていないと認めた。ハールフートの球根取引の帳簿には、買い付けた球根の内金として「いちばん上等のコートと銀鎖付きコイン1枚」を渡し、球根到着時に1万8000ギルダーを支払うという契約があった。ほかにも家畜、馬車と馬数頭、銀食器とプルーンなどの現物取引の項目が目白押しで、最終的な支払いはつねにあとまわしだった。1608年から1636年にかけてオランダ政府は業者が所有していない商品の取引を定期的に禁止したが、あきらかに現金もチューリップも手に入らない取引がおこなわれていた――「こういった取引はね」とハールフートはいった。「酔っぱらった頭でやらなきゃならないし、大胆であればあるほどいいんだよ」

チューリップが先物取引にうってつけの商品になったのは、その季節性にあった。まっとうな愛好家が球根を買うのは、花が咲いたあとに球根を掘り上げる6月から植え付ける10月までの期間だった。やがて、先を見越した冬期の――つまり球根が地中にいるあいだの――買い付けが認められるようになった。めあての球根だけでなく、翌年にはいくつかできるかもしれない球根子球の権利の両方を確保してくれるものだったからである。ところが1634～35年にかけて、この中間期

ヤン・ブリューゲル2世『チューリップ取引の寓意』1640年頃、油彩、板。

の取引がフロリストを完璧な投機家に変えてしまい、取引全体が利潤追求と在庫確保の場と化してしまった。彼らが交わす約束手形には、チューリップの品種、栽培場所、球根の掘り上げ予定日、植え付け時の球根重量が記載された（掘り上げるときはたいてい重さが増えているから、財産価値も増すしくみである）。ローゼン系の最高級品種「ハウダ」などの重量は、貴金属を計量するときの微量単位エースを用いた。それより少し格が落ちる「アトミラール」はたいてい球根1個単位で取引された。赤黄系の「スウィッツアー」などの平凡な品種はポンド単位だった。

記録によれば、チューリップ市場がピークを迎えた1636年でさえ、大半のチューリップは本物の愛好家によって買われていたが、噂が飛び交い、訴訟が増加した。たとえばその年の春、ハールレムのパン屋ユリアン・ヤンスは、アムステルダムの庭に咲いていた美しい「アトミラール・リーフケンス」の子球を買う契約をむすび、価格はエース単位で支払うことになった。ところがフロリストの集会に出たとき、その球根が未熟なうちに掘り上げられ、付いていた子球はだめになったという話を耳にした。ヤンスは法的手段に訴えて契約から解放された。[8]

チューリップ取引が過熱しておおぜいの庶民を巻きこみ、価格が異常なまでに急騰し、実体のない「風との取引」が最高潮に達したのは1636年の12月から1637年の1月にかけてだった。ありふれた「スウィッツアー」さえ、1ポンドにつき60ギルダーが1400ギルダーにはねあがった。欲ばりハールフート(彼はこの時期に自宅を抵当に入れて球根を買っていた)は往時を回想してこういった。「ふつうなら引っこ抜いて肥やし桶に投げこむような屑物さえ、球根と名がつけばいい値で売れたんだがなあ」。そしてハールフートが、チューリップには黄金や宝石をしのぐほどの価値があったんだとこぼしたとき、正直者ワールモントは鋭い洞察でこたえた。

> たしかに、咲いているときの美しさを考えればそうだろうけど、腐りやすいのも事実だからな。それに宝石や芸術作品は金持ちにしか縁がなくても、チューリップはしがない庶民も愛でるものだしな。[9]

1635年からはじまったペストの大流行も、チューリップ熱に一役かった。労働者不足から賃金が上昇し、素人投機家の元手になる余剰金が生まれたのである。また社会には、どうせ明日のことなんてわからないという運命論が広がり、無謀な行動に走る素地ができた。ハールレムの牧師ヨドゥカス・カッツは、甥に次のような手紙を書いた。「〔ペストのような〕別の病が発生している……フロリストという病だ」[10]。アルクマールの裕福な宿屋の亭主ヴォウター・ウィンケルの7人の子供が孤児になったのは、おそらくペストが原因だったのだろう。ウィンケルはチューリップの一大コレクション──高級品種の「フィセロイ」「ハウダ」「アトミラール」「パラゴン」など──を所有しており、すべて宿屋近くの庭に植えてあった。1636年にウィンケルが妻のあとを追うようにして死んだあと、7人の孤児の後見人となった孤児裁判所理事会はチューリップの安全も確保しなければならなかった（庭師のなかには貴重な花壇を守るためにチューリップと寝る者もいたし、綱を張りめぐらして警報用の鈴を取り付ける者もいた）。理事会は相場の上がり具合も注意深く見守っていたに違いない。なぜなら、1637年2月5日までウィンケル家のチューリップの競売はおこなわれなかったからである。

チューリップの図集には124点もの水彩画がならび、おおぜいの愛好家やフロリストがアルクマールに押しよせた。ある買い手は競売開始前に理事会と接触をはかり、稀少価値の高いフィオレッテン系（紫白）の「アトミラール・ファン・エンクハウゼン」に5200ギルダー、薄紫の斑入りの「ブラバンソン」ふたつに3200ギルダーを提示した。この購入金額が競売価格の基調を決めた。19種類に1000ギルダー以上、珠玉の逸品「ブリュエイン・プルプル」（銅褐色と紫）に2025ギルダーの価が付き、フィオレッテン系の王者「フィセロイ」が4600ギルダー、ローゼン系の勇者「アトミラール・リーフケンス」が4400ギルダーで落札された──当時のアムステルダムの運河沿いに建つ豪邸が買える金額である。これほど画期的な取引はめったになく、天文学的な売買記録はすぐさま冊子になって出まわった[11]。しかし同じ頃、別のニュースも飛び交いはじ

「シャメロット」の詳細。アレクサンダー・マーシャル『名花選』より、17世紀。

めていた——オランダ当局が介入するという噂だった。値崩れがはじまった。２月３日にハールレムでおこなわれた競売会ではチューリップにまったく値が付かず、取引は中断された。

ハールレムで勃発した暴落はまたたくまにオランダ全土に広がった。フロリスト（もちろん真の愛好家ではない）は在庫処理に走り、信用は雲散霧消し、市場は数日のうちに崩壊して、あとには複雑怪奇な債務の連鎖と、後払いにしていた巨額の残金を回収する見こみのない栽培者が残された。ハーグでは暴落の津波が押しよせる直前の２月４日に、有名な風景画家ヤン・ファン・ホイエンが大きな取引をおこなっていた。50個の球根を総額９１２ギルダーと２枚の絵——やはり高名な風景画家ヤーコプ・ファン・ライスダールの作品——で購入したのである。そのうちのひとつは、「シャメロット」という美しいビザルデン系のチューリップだった。赤と黄が波うつような縞模様が、キャムレットという、ラクダやヤギの毛からつくった東方の織物の柄を彷彿させるところからついた名前である。ホイエンは残りの人生を借金取りに追われながらすごし、すぐれた風景画を制作し続けたものの、負債を背負ったまま１６５６年にこの世を去った。

道徳的な観点から、チューリップを求めて七転八倒する風潮を信頼と価値の概念をそこね、むしばむものと考えるオランダ人もいた。「花の取引はすごいもの、理解の範囲を超えたもの」という皮肉な歌が、伝統的な民謡「なんでこんなはめになったのか」の節で歌われた。[12] 思わずうまい！と膝をたたきそうになるが、現実は笑い話ではなかった。真っ先に解決に向けて動きだしたのは栽培家だった。問髪を入れずに国中に呼びかけ、2月23日には全主要都市の代表者がアムステルダムに集まり、1636年の最後の球根植え付け以前の契約は有効であること、1636～37年の冬期に交わした契約は解約できること、その場合には買い手は一定割合の違約金を支払うこと、という決議が採択された。この案を拒否して署名しなかったのはアムステルダムだけだった。

この決議案をどのように実行していくかは各都市の評議会に委ねられ、それからいくらもたたないうちに評議会はハーグの州議会に下駄をあずけた。さまざまな圧力攻勢や陳情活動があったものの、チューリップ取引は自分たちの管轄外であると当局は判断し――民事の問題なのか犯罪行為なのかはかりかねて――州裁判所にまかせることにした。一方フロリストのほうは、苦境におちいった原因は自分自身にあったわけだが、自分たちは狡猾な――とくにユダヤ人の――陰謀のあわれな犠牲者だと思いたがる者もいた。4月末、裁判所はこの問題を州へ差し戻した。もっと情報を集め、双方の言い分を聞き取り、できるかぎりすべてを地元で解決せよ、と勧告したのである。この調査期間中、球根売買に関する契約はすべて保留状態になった。

ほとんどの都市は調停委員を任命して、自分たちの手からわずらわしいチューリップ問題を切り離した。こうして一般に「和解係」と呼ばれる、有識者による調停委員会が難題の処理にあたることになったのである。1634年にオランダを訪れたウィリアム・ブレレトン卿の説明によれば、委員は市民のなかからすぐれた人格と良識をそなえる人物が選ばれ、「もめごとをかかえるすべての人を呼び出す権限があった。親身になって仲裁し、相違点を調整した」という。[13] しかも裁判所とは異なり、無料だった。彼らは不平不満をさばきながら妥協点を探り、時間の経過で頭が冷えることを願いつつ、売れ残りの球根をかかえる栽培家と契約不履行のフロリストのあいだに比較的少額の補償金を取り決めていった。大暴落から2年後の1639年の1月までには、騒動はほぼ鎮静化した。

ほとんどのフロリストは商人、宿屋の亭主、画家、職人など定職を持っている連中だったから、名目上の借金を再交渉できさえすれば、貧困におちいることはまれだった。風刺家の嘲笑の的になりはしたもののアウトサイダーではなく、仲間の友人や親戚がいて、村八分になったりはしなかった。栽培家の手元にはまだチューリップの球根があったし、愛好家は最高のものを選んでは、1637年の夏でさえ適切な値段で買う準備をととのえていた。1640年にオランダを旅行したピーター・マンディ——以前にイスタンブルに滞在した経験があった——は、「チューリップの球根」に「想像を絶する金額」が支払われていると書いたが、詳細は記していない。[14] 実際、当時の好景気に沸くオランダ経済に翳りはなかったのである。

チューリップ熱はたしかに流通システムを揺るがしたものの、その一方で、なみはずれた宣伝効果を発揮した。早くも1610年から、エマヌエル・スウェールツやペーテル・ガレットなどの企業家がヨーロッパでのチューリップ取引を進めていた。1611年、イングランド東部ハットフィールドのソールズベリ伯爵の庭師ジョン・トラデスカントは、オランダから100個に付き10シリ

ピーテル・ヘリッツ・ファン・レーストラーテン『銀製のワイン入れと地球儀とチューリップのある静物』1690年頃、油彩、板。

ングで購入したチューリップの球根８００個の目録を作成している。チューリップ相場の大暴落であまった球根は、やがてハールレムを中心に、主要な輸出商品として各国へ送りだされていった。17世紀の終わりには、船荷はヨーロッパだけでなく北アメリカ、トルコにまで届き、オスマン帝国の宮廷で新たな熱狂を生んだ。これほど経済に激変を起こした花はチューリップのほかにない。

　しかし歴史は繰り返すもので、１７３０年代にヒヤシンスの値段が高騰し、１７３７年に一気に崩壊したことがある。風刺家の反応は、『正直者《ワールモント》と欲ばり《ハールフート》の対話』の再版だった。この小冊子には、ペーテル・ノルペの銅版画『花の女神フローラの道化の帽子、あるいは愚か者が愚か者を生み、人々が金もないのに金持ちになり、道理をわきまえずに賢くなった驚異の１６３７年の情景』が載っている。道化の帽子の形をした居酒屋にはおおぜいの球根業者と悪魔の姿があり、花の女神フローラはロバにまたがり、チューリップは籠や手押し車に山と積まれ、あるいは地面に散らばる。[15] チューリップ狂時代の恐怖と魅惑は、いまだ色褪せていない。歴史に刻まれた重要なエピソードとともに、当時の資料は今後も社会や経済、美術の歴史家に研究され続けていくだろう。

第5章　チューリップと芸術

17世紀絵画の素材となった花のうち、チューリップはもっとも貴重にして可憐な花だったが、1本だけで描かれることはほとんどなかった。カタログの役目を果たす『チューリップ図集』の水彩画はもちろん例外だが、そのほかにディルク・ファン・デーレンの絵が1枚ある。デーレンも急速に発展したミデルブルフの芸術家集団に属しており、作品はほぼすべてが建物にかかわる絵だった。しかしチューリップ熱が絶頂に達した1637年、優美なローゼン系チューリップ「ヘネラリーシモ・ハウダ」を描いている。この絵にも、デーレンの構造学的センスのよさがありありと見てとれる。花は直角に設置されたふたつの壁龕《へきがん》のあいだにおかれており、壁龕のつくる幾何学的な影が暗いショーケースのような役割を果たしている。チューリップと中国陶器の花瓶と南国の貝殻はやわらかな光をあびて、くっきりと浮かびあがる。17世紀の静物画にはすべてストーリーがある。この絵があらわしているのはコレクションの逸品――自然や科学、芸術の不思議を集めた、いわゆる「驚異の部屋」のスターだ。こうした珍品の収集には、プラハのルドルフ2世からアムステルダムのレ

ディルク・ファン・デーレン『陶製の花瓶に生けたチューリップ』1637年、油彩、板。

ンブラント、ロンドンのジョン・トラデスカントまで、上下を問わずに夢中になり、おおぜいの人々が見物に訪れた。世間を驚嘆させる園芸植物のコレクションをつくることも可能だったが、もちろんそれには本物の花が咲く庭が必要であり、季節に応じてさまざまに姿を変えた。1665年にジョン・レイは花園の作り方を次のように指南している。「複数の花箱を出し入れできるように、キャビネット形式でつくらなければならない。箱であれば安全に保管もできる。花は自然が選び抜いた宝石なのだから」[1]

季節の花々を描いた静物画の背後にあるのは、極上の美にめぐりあいたいという芸術家の衝動だった。それは現代の花の愛好家たちの思いと変わらない。ヤン・ブリューゲル1世（1568〜1625年）もヤン・ファン・ハイスム（1682〜1749年）も、それぞれが生きた時代は100年を隔てていたが、絵の素材にする特別な花を求めてさまざまな町の庭園を訪れたときのことを書き残している。とはいえ、すべての花を盛った花瓶を前にして描いたわけではない（実際、ブリューゲルは後援者への手紙に「こうした花々は高価すぎて自分の家には所有できません」と書いている）[2]。描くときは、それぞれ個別に丹念にスケッチしたものを人為的に組み合わせたのである。その結果、バラとスイセンがならんで咲き、細い茎のアイリスが花束のなかでひときわ高く屹立する絵が生まれた。また、絵をはなやかに見せるために実際とはかけ離れた、アンバランスな大きさで描くこともあった。花の静物画が大人気だったにもかかわらず、オランダの室内画に花を生けた花瓶はめったに登場しない。おそらく、ふだんの生活で花を飾る習慣はまだなかったのだろう。富の象徴として描かれることはたまにあり、ヤン・ステーンの『デルフトの市民とその娘』（1655

年）がそれをよくあらわしている。窓台に美しい花を生けた花瓶がおかれた家の前でくつろぐ富裕な男と上品な娘に、幼い子供を連れた物乞いが何かを話しかけている図だ。[3]

チューリップはたしかに富の象徴だった。数千ギルダーで売買され、さらにそれ以上の金額で転売できた。チューリップより絵画のほうがずっと堅実な投資だとわかっていたにせよ、取引はもう少し地味だった。アンブロシウス・ボスハールト1世は花の絵1枚にたいてい100〜200ギルダーの値段をつけており、1621年の死亡時にオランダ総督マウリッツとむすんでいた契約でも1000ギルダーだった。その1世紀後、ヤン・ファン・ハイスムも同程度の金額ではじめたが、彼の描くバラや、花にやわらかな木立を配したり、花瓶に豪華な素焼きの壺を使用したりと、それまでにない祝祭的な絵の背景が評判になるにつれ、5000ギルダーの値がつく場合もあった。一般の平均年収が約150ギルダーの時代のことである。[4]

静物画のジャンルが現れはじめた15世紀、花や果物はその象徴的意味合いに応じて宗教画のなかに組み入れられていた。ヨーロッパ諸地域で静物そのものが絵画の主題として関心を集めるようになったのは、17世紀前半である。宗教画とは無関係に描かれた花の静物画のうち、現存する油彩としてもっとも早い年記（制作年の記載）があるのはルーラント・サーフェリーの1603年の絵だ。人気を博したサーフェリーと同じ時期の画家、アンブロシウス・ボスハールト1世とヤン・ブリューゲル1世の花の絵では、1605年が最初の年記となっている。チューリップの伝来と栽培が花の魅力を伝えるきっかけとなり、当然ながら庭の美しさを記録にとどめ、花の命を永遠にして室内に飾りたいという願いが生まれたに違いない。サーフェリーの1603年の絵では、黄色混じりの赤いチューリップが、暗い壁龕におかれたほかの花を圧倒するような力強さで描かれている。それは宝石箱のなかのルビーのように、目を釘付けにせずにはおかない。サーフェリーはほかにも赤いチューリップやバラ、アイリスを描いたが、野生のラン［チューリップの右下］を描いた絵はこれしかない。ランの小さな尖塔のような花が、構図全体のバランスを整えている。

ルーラント・サーフェリー一家は、やはり1580年代に南部の宗教迫害から逃れてハールレムへ移住した難民だった。サーフェリーはその後アムステルダムで絵の修行を積み、20代なかばの1604年頃、神聖ローマ皇帝ルドルフ2世の宮廷に招聘された。それまで皇帝のために花の絵を描いていたヨリス・ホフナハルの後任だったと思われる。サーフェリーはそこで11年間活躍し、ルドルフ2世の死後はマティアス皇帝に仕え、山岳地帯の調査旅行で自然界の植物を研究したり、帝室の動物園で飼育されているめずらしい鳥や獣を素材にした想像上の風景画を描いたりした。また、絶滅した鳥ドードーの絵も残している。1616年頃にアムステルダムに戻り、1619年にユトレヒトへ移った。そこでは1615年にミデルブルフを離れたアンブロシウス・ボスハールトが、すでに大きな工房を設立していた。

チューリップは新参の花だったから、バラやアイリス、ユリなどのように伝統的な象徴性を持たなかった［キリスト教では白バラは純潔、赤バラはキリストの受難や殉教、アイリスは勝利や三位一体、ユリは聖母マリアの無原罪の宿りなどを象徴する］。また、カトリックと袂をわかったプロテスタントの国オランダは、従来のような形での象徴的表現を求めはしなかっただろう。しかし、キリストの簡潔明瞭な山上の垂訓は、カルヴァン主義者が花を描く格好の護符となった。

ルーラント・サーフェリー『チューリップとランのある花瓶の花』1603年、油彩、板。

> 野の花がどのように育つのか、注意して見なさい。働きもせず、紡ぎもしない。しかし、言っておく。栄華を極めたソロモンでさえ、この花の一つほどにも着飾ってはいなかった［「マタイによる福音書」6章28節／新共同訳］。

やがて、キリストは故郷の野に咲きみだれるチューリップを指さしながらこう語ったに違いない、というのが決まり文句になった。しかし旧約聖書には、「人の生涯は草のよう。野の花のように咲く。風がその上に吹けば消え失せ、生えていた所を知る者もなくなる」（「詩編」１０３章15、16節）などの暗い調子をおびた戒めも数多い――花の絵にこうした警句をしのばせれば、鑑賞者にたんなる美しさだけでなく、道徳的な厳粛さも伝えられるであろう。優美なチューリップの茎に這う芋虫や、花びらの先端にとまる蝶で、画家は植物のはかなさを強調したのだろうか？　ボスハールト1世のトレードマークは、ガラス花瓶の横の台座にとまるハエだった。これは頭蓋骨や時計、砂時計など、死すべき運命――「死を思え《メメント・モリ》」――をあらわす象徴のささやかな代用品だったのだろうか？　あるいは、花と虫は、昔ながらの実物そっくりのだまし絵《トロンプ・ルイユ》――古代ギリシャの画家ゼウクシスの描いたブドウはあまりに真に迫っていたために小鳥がついばみに来たという――の系譜に連なっていたのだろうか？

サーフェリーの花の絵はボスハールトのよりも暗い。文字どおりの意味としては、サーフェリーの明暗法のほうが遠近感に富み、奥に暗い空間が広がっているような錯覚が起こる。比喩的な意味では、サーフェリーはトカゲやシデムシなど、生死にかかわる象徴を数多く描きこんでいる。のち

アンブロシウス・ボスハールト『花瓶の花』1614年、油彩、銅板。

の作品で彼は、オウムがヒキガエルの臓物を引きずりだす絵を描いた（サーフェリーは正気を失って1639年に没した）。ふたりとも円熟していくにしたがい、より大きな花束を描いたが、初期の花の静物画を特徴づける素朴な魅力――どの花も力強くあざやかで、まっすぐに立ち、その貴重さを印象づける――は失われていった。より装飾的な構図になると、チューリップさえ埋没しがちになった。ボスハールトの晩年の作品には、花をおいた壁龕のむこうに景色が遠望できる絵が何点かある。とても魅力的だが、景色のあかるさが花に干渉する結果にもなっている。

初期の花の画家トップ・スリーの3人目はヤン・ブリューゲル1世である［著者はここで1606年の『アイリスのある花束』（ウィーン美術史美術館所蔵）を説明している。ほぼ同じ構図の1605年の作品がミラノにある］。彼ほど多種多様な花を大きな花束にして描いた画家は、後にも先にもない。季節の異なる花が一堂に会した絵は、配色も構図もすばらしい。ユリやアイリス、鐘形のヨウラクユリが全体を扇状に整え、小さなスノードロップやオーリキュラ、シクラメンが花瓶の縁から顔をのぞかせる一方、チューリップやバラ、シャクヤクは中央付近に位置する。これほど長い茎を有した花はなかっただろう。少なくともこの時代のチューリップにはありえなかった。しかし、そうした誇張も、その花びらを子細に眺めると吹き飛んでしまう――とろけるような筆致で縞模様が繊細に再現されているのだ。

ミデルブルフ時代に実物をよく観察していたボスハールトに比べると、ブリューゲルのチューリップはあきらかに印象的だったが、同時代人たちはその違いを楽しんだ。1617年、ジョージ・ゲージはハーグのイギリス大使ダドリー・カールトンへの手紙で花の絵を批評し、「あまりに整然

ヤン・ブリューゲル1世『花瓶の花』1610～15年頃、油彩、板。

としすぎていて……ブリューゲルのほうがずっと好きです。彼の作品はなめらかで力強く、心地よいコントラストがありますが、あちらは切って貼ったような感じです」と述べた。[5] ネーデルラント南部［ベルギーのブリュッセル］に住んでいたパトロンは、おそらくブリューゲルに正確さをそれほど要求せず、チューリップの花びらにどのような模様がはいっているかにもあまり重きをおかなかったのだろう。しかしオランダには収集家のプライドがあり、それに加えて資産価値の面も重要だった。

ブリューゲルは稀少種だけでなく、育種用と呼ばれる単色のチューリップも描いた。原種の特徴をとどめる2色の栽培種の絵もある——遠い故郷で咲いていたときの色をしのばせるものだ。たとえば、シルウェストリス系から受け継いだ杏色や黄色に淡い緑がはいる花。あるいは、ツリパ・クルシアナやツリパ・シュレンキーのような「縁取り系」。ピンクや紫の花びらが白やオレンジに、赤い花びらが黄色に縁取られている。

ヤン・ブリューゲル1世は花の絵で名声を博したが、ボスハールトのように花を専門にしたわけではない。1589年から1596年までイタリアに滞在し、おもに風景画や歴史画を制作した。最初のパトロンはミラノの枢機卿ボロメオである。アントウェルペンに戻ってからはルーベンスをはじめ、多くの著名画家と共同制作をおこなった。装飾的な花環作品もそのひとつである。これは「カルトゥーシュ」——中央の絵や紋章、国王名などをさまざまなモチーフで囲むもの——と呼ばれるジャンルに属し、中央の聖母子などの宗教図像を花で囲む構図は、17世紀オランダが生んだ独創的な様式といえるだろう。ルーベンスとの共作『花環の聖母子』には、宗教画に登場する象徴的な

ペーテル・パウル・ルーベンス『妻と息子と一緒にアントウェルペンの自邸の庭を散策する自画像』（部分）1630年頃、油彩、板。チューリップが門の向こうの花壇に見える。

花々も選ばれている。やはりルーベンスと組んだ連作『五感の寓意』はより宗教色が少なく、ヴィーナスとキューピッドのまわりに多彩なモチーフを配し、収集家たちの胸をときめかせた。そのうちの「嗅覚の寓意」は庭園を舞台にしており、春と夏の花がいっせいに咲きみだれている。一方、ルーベンスが自分と妻と息子の3人でアントウェルペンの自邸の庭園を散策する情景を描いたチャーミングな絵では、花壇に咲いているのはチューリップである。

アンブロシウス・ボスハールト1世の一族（3人の息子ヨハネス、アンブロシウス2世、アブラハム）とつながりの深い画家は多い。たとえばミデルブルフ時代に弟子入りし、そこにとどまったクリストッフェル・ファン・デン・ベルへ。やはり同地で修行をはじめたヤーコプ・ファン・フルスドンクは1608年にアントウェルペンへ戻った。フルスドンクの華麗な縞模様のチューリップ、きらめく水滴、そして繊細な昆虫は、師匠の赫々たる作風を継承している。しかしもっとも才能ある弟子は、ボスハールトの妻の弟バルタサール・ファン・デル・アストだろう。1609年にミデルブルフでボスハールトの工房に入り、ユトレヒトまで同行して、そこでルーラント・サーフェリーと出会い、サーフェリーの明暗法やトカゲの描き方を身につけた。ファン・デル・アストは、師ボスハールトから彩度の高い色使い、細部までゆるがせにしない精密さを受け継いだ。優美な曲線を描くチューリップはまるでエナメル塗りのワイングラスのようで、まさに師匠譲りの技である（全作品のなかには反復も見られ、あるチューリップは9回描かれている）。しかし、やがて厳密な左右対称性や、画一的に絵の正面から光をあてる技法から脱し、花瓶や鉢、籠などを大胆に配置するようになり、遠近法にもすぐれたセンスを発揮した。1632年、ファン・デル・アストはデルフ

バルタサール・ファン・デル・アスト『花瓶の花』1625～30年頃、油彩、板。

ト へ移った。やはり芸術活動のさかんな都市で、フェルメールの父親も中心的な存在だった。若き日のフェルメールの育成や刺激にかかわった人々を想像するに、物体の斜めから光をあてる技法や、窓が映るガラスの花瓶、エレガントな色彩の調和などの技術を持っていたことを考えると、ファン・デル・アストは有力な候補だろう。

一般に、レンブラントの作品はフェルメールほどチューリップを連想させないが、1630年代にアムステルダムに住んでいた頃、レンブラントはチューリップが大人気になりつつあるのをじゅうぶん認識していた。1634年と1635年に、妻サスキアが花の女神フローラに扮した肖像画を2点制作し、サスキアがかぶる花冠のなかでチューリップをもっとも目立たせている。レンブラントの友人ニコラース・テュルプは、レンブラントが1632年に描いた『テュルプ博士の解剖学講義』のモデルとなった人物だ。[6] 当時、人体解剖は最新流行の科学であり、博士は見学者に腕の筋肉の説明をしている。彼はチューリップに傾倒するあまり、名前と紋章を変えた。相場が崩壊する前、「チューリップ博士」と呼ばれるのは嘲笑の対象ではなかったのである。その後も博士は断固として名前を変えず、生涯守り続けて子孫に手渡した。1654年にアムステルダム市長に就任した際、博士は茎にトカゲが巻き付くチューリップの銀杯を外科組合に贈り、宴会で重要な乾杯をするときに使ってほしいと頼んだ。

1640年代になると、チューリップ狂時代の余波なのか、あるいはレンブラントの暗くドラマティックな作風が主流になったためか、花の画家の新人は現れず、花の絵の人気は下火になった。それでもアントニー・クラースゾーンⅡやヤーコプ・マレルなどが精力的に制作を続けた［第4章で述べた同名のアントニー・クラースゾーン（1620～30年代に活躍）とはおそらく家系上のつながりはないとされる」。ふたりとも繊細な描写力を必要とするチューリップ図集に描いているが、油彩の静物画のスタイルは異なっている。クラースゾーンはハールレムの画家たちが得意とした、固有色を抑えて薄茶系で色調を統一する単色主義を継承したので、花束は薄闇に浮かぶロウソクの炎のような印象を与える。それとは対照的に、マレルはあかるく、メタリックな色調を展開した。ドイツ人のマレルの活動は、フランクフルト時代（最初にゲオルク・フレーゲルに師事）とユトレヒト時代に二分される。ユトレヒトではのちに、17世紀後半を代表する花の画家ヤン・ダフィッツゾーン・デ・ヘームの影響を受けた。またマレルは、植物だけでなく昆虫の生態もくわしく観察した女性画家マリア・ジビーラ・メーリアンの義父としても知られる。メーリアンは義父の指導で絵画にめざめ、ユディト・レイステルやラッヘル・ライス、マリア・ファン・オーステルウィックらとならんで、17世紀オランダで花の画家として一世を風靡した女性たちの活躍を今に伝える。

100年のちに、オランダの美術史家アルノルト・ホウブラーケンは「レンブラントが亡くなる前から、世界の目はすでに開かれていた……そして純粋な光の絵画がふたたび流行しはじめた」と述べた。哀れなレンブラント。花の静物画の再流行がレンブラント没落の引き金になったとは、にわかには信じがたいかもしれない。しかし実際、1650年代にヤン・ダフィッツゾーン・デ・ヘームが花の静物画を発表しはじめてから、それは空前絶後の人気を呼んだ。デ・ヘームは「オランダ」生まれの最初の世代で（1606年生まれ）、おそらくユトレヒトのバルタサール・ファン・デル・アストに師事した。彼の両親もカトリックの迫害から北へ逃れてきたのだが、デ・ヘームは

ヤン・ダフィッツゾーン・デ・ヘーム『花瓶の花』1660年頃、油彩、カンヴァス。

1635年にアントウェルペンへ戻り、その地で南の画家の流麗かつはなやかな装飾的技法を身につけ、オランダの繊細なリアリズムと融合させた。

デ・ヘームにとくに強い影響を与えたのが、ヤン・ブリューゲル1世の弟子ダニール・セーヘルスである。セーヘルスは、花の静物画第1世代の巨匠ブリューゲルの――「わずかに波うつ花びらの縁さえ描き分けることができる」といわしめた――画風に新たな生命力を吹きこんだ。[7]第1世代は人目を引く赤や黄の花を描くことにたけており、遠近感を出すために寒色系の青や紫の花を配したが、セーヘルスは朝顔などの青い花に独自の輝きを与えた。さらに、大輪の花のあいだに細くたわむ茎を持つ小さな草花を縦横に組み入れ、画面に空間的な広がりや躍動感、多様性をもたらした。デ・ヘームはこれらの技法を吸収し、独自のものに昇華させた。野草から麦穂まであらゆる素材を華麗に使いこなす作風に、後続の画家は（アブラハム・ミニョン、ウィレム・ファン・アールスト、エリアス・ファン・デン・ブルックなどの実力派さえ）感化され、その路線を継承していくほかなかったのである。

さて、チューリップの花は、ボスハールトやバルタサール・ファン・デル・アストが捧げたほどの敬意を受けることは二度となかったが、その縦縞の花びらはもっと自由な、さまざまな構図で描かれるようになった。流行の移り変わりに応じて花の外観も変わり、花びらの先端がとがった花や、外側にそった花は影をひそめ、もっと丸く大きな形に置き換えられた。もはや花びらは色ガラスのようではなく、スカーフのようにはためき、大きく開いて、今にもはらりと落ちるかに見えた。ときに茎はたわみ、折れさえして、花は大胆にほかの花々を横切ってゆく。こうした変化には、たしかに象徴的意味合いがこめられていた。そもそものはじめから、ある種の花を画面に入れるのは重要な意味があったらしい。ボスハールトとファン・デル・アストは、よく暗色系のアミガサユリ（別名バイモ）を配した。これは下向きに咲く釣鐘状の小さな花で、茎先に1個から数個の花をつける。たいていの場合、誇らかに上を向く、赤と黄のあざやかなチューリップの真下に描かれた。2種類の花は光と闇、幸運と不運の暗喩だった（アミガサユリ［英語ではfritillary（フリティラリー）］はラテン語の「サイコロ箱fritillus」に由来する。筒型の形状から命名されたものらしい。また市松模様の柄は賭博に関連していた）。

のちにセーヘルスとデ・ヘームの麦穂は、構図上の素材ではなくプロテスタントの聖餐《せいさん》の象徴として、また棘のあるアザミやキイチゴはキリストの茨の冠の表象として解釈されるようになった。デ・ヘームにはめずらしい『ユリとバラのあるヴァニタス』［別名『十字架と頭蓋骨のある静物画』］という作品では、画家は画面の周囲に「生のはかなさ」ヴァニタスの象徴――十字架、頭蓋骨、時計、貝殻――のほか、「しかし人はもっとも美しい花を見ない」と記された紙を配した。これは旧約聖書の雅歌（ソロモンの歌）――男と女が相手の美しさを称えあう内容で、キリスト教の教義を無視する者への叱責と位置づけられる――を指し示すものである。一方、中央の花束は純白のユリを上にいただき、赤と白のチューリップはその下に斜めに描かれ、どのように解釈するかと見る者に呼びかけている。マリア・ファン・オーステルウィックは、新大陸アメリカから伝来したばかりのヒマワリを太陽や神、王権に見立てて同じような謎をかけた。あるヴァニタス絵画では、下を見おろすヒマワリと上を向く頭蓋骨を見つめあわせている。ひざまずくヴィーナスを左下に配した花の絵では、頂部のヒマワリは赤いケシと触れあわんばかりに向かいあう。また、赤白のチューリップが眼前のヒマワリにたじろいでいるかのように見える絵もある――これはオーステルウィックが描いたもののうち、壮烈な威厳を感じさせるヒマワリのひとつだ。

流麗なデ・ヘームの画風に沿いながらも、どこかに初期の巨匠の素朴な作法を感じさせる絵に、ヤーコプ・ファン・ヴァルスカペルが1670年頃に描いた『ガラス花瓶の花』がある。この新旧が融合した（ボスハールト風のふっくらしたバラのある花束が窓を映すガラス花瓶に生けられ、花束全体はバルタサール・ファン・デル・アストのように色調が抑えられている一方、アサガオや麦穂、キイチゴやノイチゴを組み合わせて新しさを感じさせる）絵では、チューリップは依然として「第1位の花」の座を占めている。しかしその花びらは、ボスハールトならけっして認めなかっただろうほどに大きく開き、ほかの花の群れに支えられて浮かんでいるように見える。それが新しい時代の「洗練」だった。ヴァルスカペルはアムステルダムに住んでいた。ヤン・ダフィッツゾーン・デ・ヘームが1669年にアントウェルペンからユトレヒトに戻り、1672年まで工房をかまえたとき、ヴァルスカペルはすでに絵の視覚的効果をじゅうぶんに学び終え、その路線で描いていたに違いない――しかしデ・ヘームの作風は母国オランダに先んじており、17世紀後半に花の画家として成功しようとする者は、誰も彼を無視できなかったのである。

この幸福な流れは、木製の家具調度やタペストリーの壁掛けを飾った羽目板張りの室内にぴったりの絵画を生みだしたが、18世紀になってロココ調のあかるい壁、きらびやかな家具などがはやりはじめると時代遅れになっていった。花の絵が生き延びる鍵ははなやかな画風の登場だけだったが、

ヤン・ファン・ハイスム『台座の上の花と鳥の巣の静物』18世紀、油彩、板。

それを成し遂げたのがヤン・ファン・ハイスムと彼に続く人々である。ハイスムの伝記を書いたファン・ゴールは彼を「花の画家の不死鳥」と呼んだ。[8] その賛辞にすなおに耳を傾ければ、浮き彫りをほどこした素焼きの壺に生けられた黄色のバラ、クリーム色のタチアオイ、オレンジ色のヨウラクユリなどが光り輝いているさまが目に浮かぶだろう。アムステルダム出身のヤン・ファン・ハイスムの家も画家一族だった。父のユストゥス（Justus）も弟たち（Justus と Jacob）も絵に「J・ファン・ハイスム」と署名したため、いったい誰がどの絵を描いたのか、のちに出まわった贋作と相まって混乱に拍車をかける原因になった。なかでも弟のヤーコプは静物画に秀でており、チューリップ図集の何点かも彼の作品と考えられている。一方、当のヤン（Jan）は自分の色彩や技法の秘密が盗まれるのをおそれてアトリエに人を寄せつけず、弟子もとらなかったという——祝祭的で晴れやかな花々からは、そうした一種偏執病的な性向をうかがい知ることはできない。縦横に生けられた花のなかにはチューリップの姿もあり、弧を描く茎の先に縦縞模様の花びらがこぼれんばかり開いている——たいていは紫と白の２色だ。ファン・ハイスムはフィオレッテン系が好きだったらしい。

　オランダ黄金時代の絵画にチューリップが登場したのは、花の静物画だけではない。ルーベンスとレンブラントも肖像画にチューリップを用いたし、フランスやイギリスでも、髪やコサージュにチューリップをおしゃれにあしらった貴婦人の肖像画が描かれた。１６０５年にアントウェルペン出身のジョン・デ・クリッツが描いたイギリス王ジェームズ１世の肖像画では、チューリップ柄をエンボス加工した革の壁紙が背景に使われている。金色の革の壁掛けは17世紀のインテリアの特徴だった。とくにはやったのは1628年以降のことで、ハーグの会社が革を型に押しこんで浮き彫りの柄を作りはじめたのがきっかけとされる。縦縞のチューリップ模様は絵の具で金色や銀色に装飾され、ひときわ豪華に輝いた。17世紀のスコットランドではアバディーンの画家ジョージ・ジェイミソンが、チューリップ柄の刺繍の胴着をつけた夫人の肖像画を描いている。また、あるオランダ人一家の肖像画には、なんとも愛らしい幼い少女の姿がある。お決まりの黒くてかたくるしい衣裳を着けた大人たちの隣で少女が着ているのは、かっちりした白地に黒の刺繍をちりばめたドレス。そこにチューリップの柄が確認できる。

17世紀は収集への情熱が高まった。絵は特定のジャンルが好まれ、あらゆるテーマを網羅した絵が豪華な部屋の天井から床まで埋めつくし、さらにはイーゼルに載せられたり机の上に積み上げら

ヘンドリク・コルネリスゾーン・ファン・フリート『ファン・デル・デュッセン家の肖像』（部分）1640年、油彩、カンヴァス。少女が着ている白地に黒の刺繍をほどこした衣裳にはチューリップの柄も見える。

れたりした。机にはコイン、鉱物、科学機器のほか、民俗学や自然史にかかわる品々が所狭しとおかれており、たいていは大きな地球儀が据えられていた。それを囲んで、新しく手に入れた品の来歴や原産地を語りあったのである。無数の収集品のなかには花の絵もあっただろうが、ふつうは1枚だけだった。こうした私設博物館は一般にも公開されていた。有名な昆虫学者でイラスト画家のマリア・ジビーラ・メーリアンが1690年にアムステルダムに移り住んだとき、「東インド諸島と西インド諸島からもたらされた美しい生き物を見て驚嘆した」と述べている。個人の収蔵品をおさめる場所は「驚異の部屋」と呼ばれるほど広大な部屋もあれば、もっとこぢんまりした保管庫もあった。小部屋をそれにあてたり、ひとつの調度品にまとめて入れておいたりした。

宝物入れの役目を果たす調度品は往々にしてそれ自体が美しかった。扉の黒檀にはしばしば寄木や螺鈿《らでん》［夜光貝その他の貝類を彫刻して漆地や木地などにはめこむ技法］でチューリップが描かれチューリップ縦縞模様のチューリップをあしらった寄せ木細工は、たんすやテーブル、置き時計をいろどった。

た。17世紀オランダで発明された旅行用時計の後ろの金属板や、ガラス製品や銀製品にもチューリップが彫られた。チューリップの形をしたゴブレット、塩入れ、ロウソク立てがあった。チューリップの花びら模様が流行したおかげで、織工やお針子は大忙しだった。タペストリーから椅子の布地、カーテンからベッドカバーまで、チューリップ柄を織ったり刺繍したりする注文が次々ときたからである。どうやらチューリップそのものにも織物を連想させるところがあったらしい。

かつてクルシウスは、彼の育てたチューリップは赤と黄の絹糸で織ったように輝いて見えると手紙に書き送り、マリ・ド・ブリムはそれに応えて「あなたの花壇のタペストリーは、自然が人工物を凌駕するように、糸で織られたものを凌駕しております」と述べた。[9] 1629年、イギリスの植物学者ジョン・パーキンソンはブリムの比喩そのままに、当時イギリスで知られていた140品種のチューリップについて、「チューリップが整然とならんでいる様子は、まるで目もあやな縫製品を見るようだ」と表現している。[10]

チューリップをあしらった17世紀オランダの工芸品のうち、もっとも普及したのは陶器だった。とくに汎用タイルで壁全体を覆い、装飾性と耐久性の両方をかねるのがはやった。タイルもチューリップと同様、東方が起源である。オランダで最初にタイル工房ができたのはミデルブルフだったが、1600年――チューリップ柄のタイルが出まわりはじめた頃――には、オランダ全土にあった。東方の影響はデザインにもあらわれた。花びらの先がとがったチューリップ、1本の茎から3つの花が左右対称に咲くチューリップ、不思議なハート型の花瓶に生けられたチューリップなどである。また、多色使いの星形タイルというのもあった。4枚のタイルを組み合わせてつくる形式で、きれいな星形になるよう、それぞれのタイルの一角にある模様をきちんと配置しなければならない。どのタイルの真ん中にも黄金色のチューリップが対角線上に描かれており、ブドウやザクロが星の周囲を取り巻く。しかし多色タイルのなかでもひときわすぐれているのは、チューリップ図集の水彩画をもとに本物そっくりに焼きあげたもので、縞の対照的な色がよく表現されており、ひじょうに貴重なものとされた。

そのほか、中国の陶磁器の影響を直接的に受けたものもある。中国陶磁器は最初ポルトガルのキャラック船（大型帆船）で運ばれてきたため「クラーク」と呼ばれていた。しかしオランダ東イン

オランダのチューリップ柄の星形タイル（星形をつくるのに4枚を必要とした）。黄金色のチューリップが主要なモチーフになっている

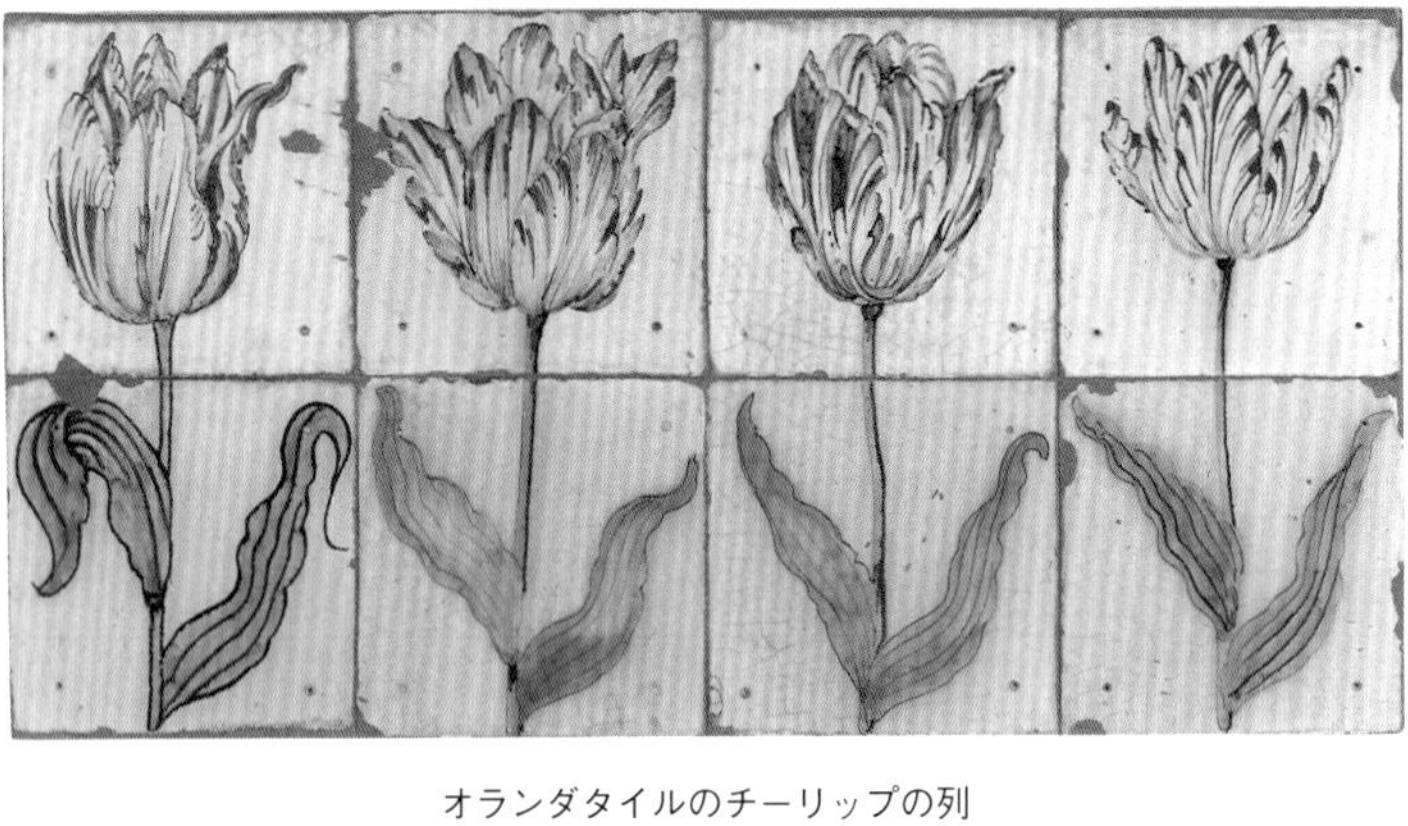

オランダタイルのチーリップの列

ド会社が独自に貿易をおこなうようになると、ますます誤解をまねく「ケープ」という呼び名が定着してしまった。オランダ製の陶器はデルフトの窯元がリードしており、青と白の染付は圧倒的な人気を博しただけでなく、さまざまな中国風デザインが考案された。ほとんどのチューリップ・タイルは四隅にフレーミング模様がある。「ヴァンリ」と呼ばれるのは直線を鍵型に組み合わせた幾何学模様で、どこかに中国の書の雰囲気を感じさせ、これのライバルになる模様は「ユリの紋章《フルール・ド・リス》」の意匠だけだった。中国は自国の陶磁器に対する賞賛に応えて輸出用の製品を作りはじめ、やがて輪は一周して、中国製の鉢に様式的なチューリップ文様が見られるようになった[11]。

デルフトの陶芸家たちはキャビネットやマントルピースの上に飾る高級品も生産した。その種の花器に実際に花を生けることはほとんどなく、とりわけ「テュルピエ」と呼ばれる派手なチューリップ花瓶が17世紀末に大流行した。形も大きさもさまざまだったが、この花瓶には共通する特徴があった。胴の部分から陶製の注ぎ口が何本か伸びており、そこに花を1本ずつさす仕組みなのである。もともとはペルシアのデザインに着想を得たもので、かなり上品――扇状の本体に5本の注ぎ口――だったが、ヨーロッパでは流行にのって球根形や細長い形などの実験的作品が生まれるようになり、やがてテュルピエは外側に注ぎ口を突き出した水受け皿を何段も重ねた、驚くべき高さのものになった。ピラミッドもオベリスクも仏塔も、高いものはすべてテュルピエに応用され、そのうちにあまりにも高くなりすぎて、床にならべるしか方法がなくなった。実際にチューリップをさしていつも楽しんだのかどうかはわからない。テュルピエにさまざまな花をさした柄の布張りの椅子が残っているが、花をさしたテュルピエを描いた静物画はない。全盛期はウィリアム3世とメア

チューリップ用の花瓶「テュルピエ」。デルフト陶器。1695年頃。青で文様を描いた上にスズ釉をかけて焼いたもの。

リ2世がオランダとイギリスを共同統治した時代だった〔オランダ総督オラニエ公ウィレム3世はイギリスのメアリ2世と結婚し、名誉革命後の1689年にふたりで即位して両国を統治した〕。

この時期、イギリスの貴族階級のあいだに庭園愛好が新たな流行になった。はなやかな植木鉢が次々につくられ、背の高い藍彩のテュルピエは先祖の肖像画をずらりとならべたギャラリーに配置するとよく映えた。デルフトの窯元は国内よりもイギリス向けの輸出品に力を入れた。最大のコレクションを誇ったのは、当時の王宮ハンプトン・コート宮殿とイギリス中部のチャッツワース・ハウスである。これは17世紀から18世紀にかけて、イギリスがかつてないほど園芸に熱中した時期と重なっていた。

第6章　チューリップを愛した国々

チューリップは運命の花――17世紀の人々はその言葉にきっと誰もがうなずくだろう。オランダでは、チューリップの登場は長い独立戦争と新生国家誕生の激動と時を同じくし、やがてチューリップ熱に進展して、社会の安定と倫理観を揺るがした。ドイツでは、最後にして最大の宗教戦争といわれる三十年戦争（1618～48年）の嵐が吹き荒れ、国土は「国民の血にまみれた」。1633年、アイヒシュテット領主司教の城――かつてベスラーがその庭園に咲きほこるチューリップの名花選を描いた城――はふたたび軍事要塞となった。スウェーデン軍の包囲を受けたのち、城はうち捨てられ、庭は荒れはてた。ドイツは三十年戦争でヨーロッパのどの国よりも荒廃した――国内の宗教的対立は他国を巻きこんだ国際戦争に拡大したあげく、飢饉や疫病の蔓延で国は疲弊し、人口の3分の1が失われた。

だがどういうわけか、チューリップへの愛だけは消えずに残った。とくに、ある庭は1648年、外国に亡命していた所有者が20年ぶりに戻るとはなばなしく再建された。そのときに植えなおされた植物を記録したのが、ナッサウ＝イトシュタイン伯ヨハンのためにヨハン・ヴァルターが１６５４年から１６７４年にかけて描いた名花選『イトシュタイン庭園植物誌 *Horti Itzteinensis*』である（フランクフルト近郊のこの町では秋の園芸市が再開され、植物販売業者や収集家の天国となった）。イトシュタインの庭園は当時の流行の最先端をいっており、大きな長方形の壁と生垣がぐるりとまわりを囲み、彫刻を置く壁龕や貝で飾った岩屋、あずまやなどが配置された。一方、花壇のデザインは変わっていて、果物のようにいびつな形になっていた。この庭で伯爵は、ヨハン・ヴァルターが描いた流行の花々や異国の植物を育てた。画家とパトロンは、伯爵が亡命生活のほとんどを過ごしたストラスブール（プロテスタント圏）で出会った。ヴァルター自身はストラスブールにとどまっていたが、少なくとも８回イトシュタインを訪れ、４月から９月まで滞在して花を描いた。ヴァルターはヨーロッパ史上有数の恐怖を生き延びたあと、自然（鳥も含め）のすばらしさを描くことに夢中になったと書き記している。

ヴァルターのどこか素朴な技法は花にはかなさを感じさせ、そのためにいっそう写実的に見える。最初にゲスナーが描いたドイツ・チューリップのように軽く波うつ葉、上質な羊皮紙にグワッシュ（アラビアゴムを加えた不透明水彩絵の具）で描かれた輝く色彩。ヴァルターはチューリップの名前を記しており、17世紀なかばのドイツでは「ヘネラール」や「バターマン」、そしてすでに「プリンス・オブ・ウェールズ」も人気だったことがわかる。[1]

イギリスでは、国王と議会が対立した内戦中、チューリップはどちらの側にもわけへだてなく使われていた。１６４０～41年にコーニリアス・ジョンソンによって描かれた『カペル一家の肖像』

チューリップの図版。ヨハン・ヴァルター『イトシュタイン庭園植物誌』より（1654年）。描かれているのは「プリンス・オブ・ウェールズ」「ヘネラール・ファン・ゼーラント」「バターマン」「スキピオ」「ラ・プリュ・ベル・ド・ブリュッセル」

ヨハン・ヴァルター『イトシュタイン庭園植物誌』の口絵（1654年）。庭園図を示したもの。

コーニリアス・ジョンソン『カペル一家の肖像』1640〜41年、油彩、カンヴァス。

は平和な時代の終焉を記すものとなり、アンドルー・マーヴェルは『アプルトン屋敷』（1651年）という詩で戦争前の日々を偲んだ。

あのころ砦の塔があるのは庭園だけで
守備兵はみんな花だった
……
チューリップは、そう、色とりどりの縞模様で
われらが近衛隊のスイス人傭兵だった

肖像画の家長、イングランド東部ハートフォードシャーのカペル・オブ・ハダム卿アーサーは、愚かな専制君主と、自分もその一員であるおそろしく独断的な議会とのあいだでむずかしい選択を迫られた。結局、カペルは王党派の将軍になる。1646年に王妃のフランス逃亡を助け、1648年には議会派の長期にわたる包囲のあいだ、コールチェスターを雄々しく守った。だが、その1年後、すべてを失い、チャールズ1世に続いて処刑さ

れる。肖像画の背景にある庭は彼が忠誠を選んだ心情を物語っているようで、ある図像集の庭と花の絵に添えられた教訓的な短詩を思いださせる。

庭は思う　この広々とした場所は
主人たる神が汝の散策を認めたところ
なにをしても許されるが
たおやかな茎から摘みとっていいのは一輪の花だけ[2]

放射状に伸びる庭の小道を見て、当時の人々は人生を暗示していると思ったかもしれない。エリザベス朝の肖像画の背景にも、こういった円形迷路がよく登場する。なにを象徴しているかはさておき、この庭は実際にあった。カペル卿はハダムを流行の発信地にするために改造し、「区画」と呼ばれる平らな草地エリアをよくある長方形ではなく、円形の放射状に配置したのである。こういった革新的な庭はあとひとつ、1630年代にイサク・ド・コーが設計したものしかない。それはイングランド南部ウィルトンにあるペンブルック伯爵の庭園で、広い草地部分をハダムのように円形の通路で区切り、幾何学模様をきわだたせる豪華な噴水や彫刻を配している。カペルの庭は当時もっとも野心的なスタイルだったので、肖像画にはもちろんチューリップも見えており、高級品種が鉢に植えられ庭の入口にずらりと門衛のようにならんでいる。マーヴェル（議会派）は、チューリップを見て軍隊を思い起こしたのだろう。詩人ロバート・ヘリック（王党派）が「勇ましいチューリップもこうべを垂れるだろう」と嘆いたときも、同じことを感じていたに違いない。[3]

1630年代、ヘームステーデにあるアドリアーン・パウの鏡の庭を訪れたチャールズ1世の妃ヘンリエッタ・マリアは、宮廷庭師のジョン・トラデスカントをフランスとオランダにやり、最新のチューリップを入手するよう命じた。園芸家としてのトラデスカントの腕は抜群だった（跡を継いだ息子もそうである）。1611年、トラデスカントはハットフィールドのソールズベリ伯爵のために、ハールレムから100個10シリングのチューリップの球根を800個購入した。1618年には、ロシア北西部のアルハンゲリスクへ行き、ロシアでは「ひとつの場所でチューリップとスイセンを同時に栽培している」ことを知った。[4]父トラデスカントは、晩年、オートランズにある王妃の庭園の監督者になったが、王妃のチューリップ・コレクションの一部は、1639年に国王が王妃のために購入したウィンブルドン・ハウスに移され、最終的には議会派に没収されてしまった――多くの広大な地所と同様にチューリップもろとも取りあげられてしまったのだ（やはりトラデスカントが集めた植物が植えられていたハットフィールドのセシル家の庭に関して、議会派の記録には「中央に四角く茂った場所があり……チューリップが植えられている」と書かれている）。[5]

ウィンブルドン・ハウスが再配分されたとき、領主になったランバート将軍は譲り受けたチューリップに夢中になり、自身も収集するようになった。そのあげく、議会派を風刺した王党派のトランプに「黄金のチューリップの騎士」として描かれ、揶揄されている。1657年にランバートは議会が求めたクロムウェルの国王即位に反対し、クロムウェルと不和になった。当時は「クロムウェルに捨てられて向かったウィンブルドン・ハウスで花の愛好家になり、愛にも金にも変えられる

ランバート将軍の風刺画「黄金のチューリップの騎士」。1650年代に制作されたトランプの1枚。

最上級のチューリップを手に入れた」といわれたものだ。ランバートはチューリップの絵も描いており、1660年に王政復古でロンドン塔に投獄されると、嘆き悲しむ様子を想像したビラが出まわった――「さらばウィンブルドン、さらばわたしのチューリップ、さらばわたしの絵よ」[6]

　ランバートが所有していたチューリップの最高品種の一部は（当時ガーンジー・リリーと呼ばれたネリネ［南アフリカ原産のヒガンバナ科の一種でダイヤモンド・リリーの英名を持つ］なども）トマス・ハンマー卿から贈られたものだった。トマス・ハンマー卿は名著『庭の本 *Garden Book*』（1659年に原稿は完成していたが出版は1933年）の著者である。内戦時はウェールズ北東部フリントシャーのベティスフィールドで王党派の同志を保護し、国王のために北ウェールズを守る200人の部隊を招集した。イングランドが共和制になったコモンウェルス時代の1655年、ハンマーはランバートに自分の名を冠した「アガト・ハンマーのすばらしい親球根」を送ったのである。赤と白とくすんだ紫の、半貴石の瑪瑙《めのう》（アガト）を思わせる色合いの花だ［ハンマーは1644年に国王の許可を得てフランスに亡命中に園芸に関する知識を深め、内乱終結後に議会派と和解して帰国したのちは所領地で熟練の園芸家になった］。

　ある種のチューリップに「アガト系」と命名したのはオランダで、当初は赤白のローゼン系に別の色が美しくまざった花をさしていた。『庭の本』でハンマーは、めまぐるしく変わるチューリップの流行について述べている。

　イギリスでは、紫、赤、純白が美しい縦縞模様になっている種類だけが珍重されていた。しかし1、2年もすると（フランスでもそうだが）、めずらしい色が入ったもの、白は入っていなくても、黄色が目立つもの、イザベラ〔グレーがかった黄色〕などがもてはやされるようになった。そういった新しい色のチューリップは流行の先端と呼ばれる……しかし、美しい紫やスミレ色と白の組み合わせの新種も、いまだ高価で貴重である。[7]

ハンマーは、「パラゴン」「ヘネラール」「アトミラール」といった前から人気のある種類を筆頭に、70以上のチューリップの名前をあげている。オランダ語とフランス語と英語（「プリンス・オブ・ウェールズ」「リッチモンド」「マーリン」など）が混在しているのが興味深い。一方、「マホメット」や「オリエンタル」など東方由来の名前も出てくる（ハンマーは「緋色、淡紅色、ピンク」をそこに分類している）。「くすんだ紫や淡い色」という分類もあって、そこには銀灰色と藤色の「ダイアナ」「アガト・ペルショ」「ジャスプ・アングロワーズ」などが入っている。

ハンマーは、壁にそって一段高い花壇をつくり、間隔をじゅうぶんにあけてチューリップを植え、子球の栽培用に別の花壇もこしらえた。実際的なアドバイスとして、チューリップは土に少量の砂と乾燥した黒かび〔腐葉土〕と良質のヤナギの土〔腐った木の幹由来の土〕を混ぜると、育ちがとてもよくなるといっている。選び方についても、「よい花は単色の壮健な花から育ち、複数の色が縞になったためずらしい花は弱く、一般的にうまく種子ができない」と述べている。ハンマーは人気の衰えない「アガト・ハンマー」を誇らしく思い、満足をおぼえていた。1671年、デットフォードのセイズ・コートにあるジョン・イヴリンに球根をひとつ送っている——イヴリンの庭園でチューリップは目玉になるはずであり、次のような洞察力に富んだ言葉を添えた。「チューリップを有名にしているのは色の多様さではなく、むしろその特性、快活性、好ましい混合性、そして基部と縞と形が整った姿なのです」[8]

大切なアガト・ハンマーを贈られた人物はもうひとりいる。ジョン・レイという、シュロップシャーにあるキンレットの種苗商で、1665年に出版した自著『フローラ、セレス、ポモナ *Flora, Ceres and Pomona*』を「真に高潔で創意をこよなく愛する」ハンマーに献呈した人物だ。レイは190種類のチューリップについて解説し（1676年の第2版では300種類）、アガト・ハンマーを「歓喜の女王」と呼んで詩にうたっている。

くすんだ紫と緋色と白が
たくみに混ざりあい、たくみに配される
ほかものがみな、色を失うほどに

レイは、奇抜なものは高い値がついたとしても評価は低いと断言した。「ここで目にするもっとも平凡なものは／緋色と金の衣をまとっている」

さらにレイは、花弁の縁が鳥の羽のようにぎざぎざしたパーロット・チューリップの登場に触れ――「ひじょうに奇妙な流行」――だと述べている。この種の花は、以前ならおそらく相手にされなかっただろう。栽培方法としては「最高のチューリップには、つねに目を配れる水平な花壇」を推

ヤン・バプティスト・ファン・フォーネンブルフ『花瓶の花とコンゴウインコとネズミ』1640年頃、油彩、板。鳥とチューリップがならんで描かれていることから、はなやかな模様にちなんで名づけられた初期の「パーロット」チューリップであることが考えられる。ネズミが風刺的な要素を強調している。

奨し、もっと「ふつうの種類のチューリップ」はほかの観賞用の花と一緒に植えるのがいいとした。さらに、花壇に実用的な建造物を作ることを勧めた。

全方向に屋根がある八角形のあずまやに、風景画やめずらしい品を飾り、中央に椅子とテーブルをおく。これはもてなしのためだけでなく、ほかの大事な目的のためにも使える。たとえば、紙を敷き、掘り上げたチューリップの球根をならべるなどだ。[9]

ハンマーやレイはチューリップ（およびほかの花々）について本を書き、アレクサンダー・マーシャルは絵に描いた。アレクサンダー・マーシャルの出自ははっきりしない。商人だったとも、働かなくてもよい裕福な階級だったともいわれるが、ロンドンの植物愛好家や科学好きのサークルでは知られた人物だった。生まれはフランスかもしれない。フランスに住んでいたことがあるのはたしかで、完璧なフランス語を話したことから、彼もまた才能のあるユグノー（フランスのカルヴァン派プロテスタント）だったとも考えられる。カトリックのフランスより、王家のいざこざはあるが生きやすいイギリスを生活の地に選んだ可能性は高い。

マーシャルの芸術的才能にほれこんだ熱狂的ファンには、錚々たる面々が顔をそろえている。ランバート将軍は彼に絵の題材となる花を送った。ジョン・イヴリンは1682年、マーシャルがロンドン司教の邸宅フラム・パレスに滞在しているときにその画帳を見た。ジョン・トラデスカント（子）は、自分が所有するランベス・ガーデン──「華麗なチューリップの宝庫」──の花をマーシャルの名花選に早々に描いてもらっている。「アトミラール・デ・マン」や「アガト・ロバン」などだ（後者はフランスの種苗商で宮廷庭師のジャン・ロバンもしくはヴェスパシアン・ロバンにちなんで名づけられた。ふたりは親子で、その経歴はトラデスカントとよく似ている）。

マーシャルが描いた「シャメロット」は赤と黄の縞模様が美しいビザルデン系で、オランダの画家ヤン・ファン・ホイエンがチューリップ相場崩壊直後という不運な時期に購入して借金をかかえることになった花である。「デュク」は、庭によく咲いている丈夫な花で、黄色い縁取りのある赤い花びらはツリパ・シュレンキー由来だった。マーシャルは「フィセロイ」や「アトミラール」数枚のほか、「ヘネラール」「ウィドウズ」「プリンス・オブ・ウェールズ」「ダイアナ」（くすんだ紫

「セデルニュル」「プリンス・ド・ウェールズ」「ロスマリヌム・ラティフォリウム［ローズマリー］」17世紀なかばに描かれたアレクサンダー・マーシャルの名花選より。

の品種のなかでは最高級のひとつ）などを描いたが、「瑪瑙色でぎざぎざ」と書いただけのチューリップもある。花びらがかすかに波打つその花は、レイが言及したパーロット・チューリップの先駆けといえるかもしれない。[10]

カペル一家の肖像画に戻ろう。内戦後、上の娘のメアリはボーフォート公爵夫人となり、夫の公爵がイギリス政界で交渉ごとに忙殺されているあいだ、バドミントンとチェルシーにあるふたつの広大な屋敷を管理した――さらに1670年代以降は、1715年に亡くなるまで外来植物を収集し、庭や温室をイギリス一のコレクションで埋めつくした。[11] ハンス・スローン卿はそれを「これまで見たヨーロッパのどこの庭よりもりっぱに生い茂っている」と評している。スローンのあと押しを受けて、公爵夫人は押し花の植物標本も作った――現在、それは自然史博物館のスローン植物標本の一部になっている。その131巻目を見ると、公爵夫人もまたチューリップの愛好家だったことがわかる。縞入りの花弁の花が何種類も登場する。いくつか例をあげれば、「グレート・サラマンダー」「ドロメダリー」「ボー・ルガール」「ベスト・トライアンフ・オブ・ヨーロッパ」さらには「センペル・アウグストゥス」などだ。ボーフォート公爵夫人は、その時代の人々の例にもれず、植物も含め神の創造物への知識を科学的に深めれば、理解することができるばかりでなく、救済にもつながると信じていた。

しかし、チューリップの人気と高値は新たな風刺の種になった。1710年、ジョセフ・アディソンとリチャード・スティールは、小耳にはさんだ話として「タトラー」誌にこんな記事を載せている。

ある人がデューク・オブ・ヴァンドーム（ヴァンドーム公爵）よりブラック・プリンス（黒太子）のほうがすばらしい、と話しているのを聞いて驚いた。このふたりを比較する？　さらに、エンペラー・オブ・ジャーマニー（ドイツ皇帝）も消え失せたりしなければ、どちらよりも好きになったのに、と付け加えたのでもっと仰天した。一緒にいた人が続けた。デューク・オブ・マールバラ（マールバラ公爵）は今が盛りだな。わたしは奇妙な話に混乱した。ほかにも将官の名がいくつも出てくる。プリンス・オブ・ヘッセンもキング・オブ・スウェーデンも逃げてしまったとか。新しく出てきたクラウン・オブ・フランス（フランス国王）はひどく軟弱だが、マーシャル・ヴィラール（ヴィラール元帥）は精彩を欠いていない、という話にはうなずけた。最後に一方が愉快そうに相手にいった。チムニー・スウィープ（煙突掃除人）とペインテッド・レディ（売春婦）が同じベッドにいるから見せてやるよ、と。おもしろいことまちがいなし、といった口ぶりだ。突然の雨にふたりは話を切り上げて屋敷のなかに入ったので、わたしは庭に向かおうとしている彼らにご一緒してもいいかと尋ねた。そしてやっとわかった。彼らが話していた国王や司令官は全部チューリップのことだったのだ……たまたま目についたチューリップを、こんなにきれいなのは見たことがないとほめると、それはありふれた花で、フールズ・コート（愚か者の外套）という名だと教えてくれた……だが屋敷のあるじは、長さ20ヤード、幅2ヤードほどしかない花壇だが、200エーカーあるイギリス一の庭より価値があると胸を張った。

チューリップとタマネギにまつわる風刺話もある。「去年の冬、片手分のチューリップの球根をタマネギの山とまちがえ、値段にして100ポンドはくだらないポタージュを作り、あやうく身の破滅を招きかけた愚かな料理人の話」などだ。[12]

チューリップを皮肉ったこの種の話は、今ではピンとこないかもしれないが、当時は大いに受けた。1672年の仏蘭戦争の勃発以降、ルイ14世は覇権拡大を企て、ヨーロッパ諸国ににらみをきかせつつ、防衛の同盟を組む相手をつねに探していた。ヨーロッパにおける力の均衡と海上貿易を守りたかったイギリスは、当初、貿易上の最大のライバルだったオランダを敵とみなし、フランス側についた。したがって、1710年の小話のチューリップ用に名前を使われたマールバラ公爵も――彼は美しい花というよりも、ジョン・チャーチルと名乗っていた青年時代から軍人として過ごした百戦錬磨の猛将だった――フランスの同盟国将官としてオランダで戦った。しかし1701年に勃発したスペイン継承戦争では、オーストリアとイギリスとオランダが味方同士となり、フランスとスペインの連合軍と敵対した。1704年、マールバラ公爵は勇猛果敢な戦いぶりでフランス軍からウィーンとハプスブルク家のレオポルト皇帝を救い出し、1710年には「ブレンハイムの戦いの英雄」と称えられていたのである。戦いには勝利したものの、スペイン継承戦争は1714年まで長引き、フランスは弱体化していると断定したスティールも、敵ながらあっぱれとフランス軍の猛将にヴィラール元帥をあげた、というわけである。

1688年にイングランド王、スコットランド王、アイルランド王のウィリアム3世となったオランダ総督オラニエ公ウィレムは、生涯ルイ14世と敵対した。ウィレムは1672年、フランスがオランダ南部を侵略し、オランダが防衛のために水路を氾濫させた年に、オランダ総督になった。この事件は、スティールやアディソンが「タトラー」に載せた風刺よりはるかに有名な文学作品――アレクサンドル・デュマの『黒いチューリップ』に描かれている。黒いチューリップは、実際は実現不可能な神話だ――現代でこそ「クイーン・オブ・ナイト」や「ブラック・パーロット」などが深いチョコレート色の紫を得たが、17世紀当時、いちばん黒に近かったのは「チムニー・スウィープ」だった。だがデュマは（執筆は1854年）、園芸上の事実を無視してロマンスを優先させ、ふたりのチューリップ栽培家をライバルとして登場させた。コルネリウス・ファン・ベルルは医者で学者で画家であり、政治には興味がなく、ありあまる遺産を使ってチューリップに情熱をそそいでいる。その隣人イザーク・ボクステルは嫉妬にとりつかれた男だ。発端は、ファン・ベルルが自宅中庭の建物に上階を建て増ししたことだった。そのせいでボクステルのチューリップに当たる日光と温度が制限されてしまうことになる。たんに絵を描くためのアトリエを作っただけと思っていたボクステルは、ある日、見てしまう。

窓には、球根、名札の束、仕切りのついた棚、ネズミよけの針金などがならんでいた……チューリップ栽培者の部屋を描くために、これだけの小道具を集めるだろうか？　そのためにコルネリウスは新しいアトリエを飾りたてたのか？

その晩、ボクステルは互いの庭を仕切る壁にはしごをかけてのぼり、内部をのぞく。そこには、

現代の黒いチューリップ。プリュム公園、ノルマンディ。

川の泥を混ぜた腐蝕土（チューリップに最適とされる配合の土）で作った花壇ができあがっていた。ボクステルは瞬時に思った。この学のある男は、知識と財力を湯水のようにチューリップ栽培にそそいでいるのだ。両手から力が抜け、膝が震え、彼ははしごから転げ落ちた。ほどなくして、ハールレム園芸協会が、黒いチューリップの栽培に成功した者に10万ギルダーの賞金を与え、そのチューリップには栽培者の名前をつけると発表する。ふたたび壁の向こうをのぞき、球根が栽培されているのを確認したボクステルは、夜陰にまぎれて、ネコを2匹縛り合わせ、ライバルのチューリップの花壇に投げこんだ。バケツをひっくり返したような大騒ぎになったが、計略は失敗に終わる。

デュマの物語の背景には、もっと闇深い部分がある。オランダ南部を侵略したフランスはオランダを分割した。平和党はオランダのグランド・ペンショナーリス［法律顧問］（首相と同じ役割を持つ）であるヨハン・デ・ウィットと、兄のコルネリスによって率いられていた。ふたりは共和制支持者であり、若き日のオラニエ公ウィレムを世襲の総督と軍事的指導者の地位から追放することに関与した。デュマの小説はハーグの暴動からはじまる。フランス軍の進軍でパニックになる民衆。オラニエ公ウィレム（通りの暗がりから命令をくだすひそかな影）に裏をかかれ、脱出に失敗するデ・ウィット兄弟。デ・ウィット兄弟が群衆に虐殺された史実は、オランダの歴史のなかでも最悪の事件のひとつだ。デュマの小説では、コルネリウス・ファン・ベルルの名付け親はコルネリス・デ・ウィットだという設定で、ファン・ベルルは、秘密の往復書簡をどこかに隠すよう託される。その書簡は、フランスとの講和条件を模索し、おそらくはオラニエ公ウィレムの暗殺を画策するものだった。ファン・ベルルを執拗に見張っていたボクステルは、彼を当局に密告した。あやうく処刑を免れたファン・ベルルは投獄される。だがもちろん、黒いチューリップの球根を3個、ひそかに服に隠して持ち出していた。そして紆余曲折ののち、ボクステルの数々の妨害工作も経て、看守の美しい娘ローザの助けを借りて球根を開花させる。黒いチューリップは、1673年5月15日、ハールレム園芸協会に提出され、金の縁取りのついた白いビロードの布張りの輿で凱旋行進の運びとなる。誰の名前がつけられたかは、読んでからのお楽しみとしておこう。

テンポよく、機知にとんだ物語だが、デュマの小説につづられたあきらかなまちがいに、歴史家やチューリップの専門家たちは長年苦い顔を見せてきた。ひとつは、チューリップの栽培を錬金術にからめたことだ。ボクステルがコルネリウス・ファン・ベルルを監視していたとき、彼は、

ファン・ベルルが種を選り分け、色を変えたり濃くしたりする液体に浸すのを見た。また、種を熱し、ほかの種と結合させるのを、精密で見事なほど繊細な手つきであつかうのを、そして、黒い花を咲かせる種は暗闇におき、赤い花を咲かせる種にはランプをあて、白い花を咲かせる種にはふたつの鏡を用いて水の反射光をあて続けるのを見た。[13]

当時の人々は、園芸的処理をうさんくさいものだと思っていた。アンドルー・マーヴェルは『庭を咎める草刈り人』で、好奇心も不正も、どちらも人間（と植物）を滅亡させると述べている。

奢《おご》りにふける人間は、悪徳を実行に移そうと、

世界を誘惑して自分にしたがわせようとする……
甘ったるい土をこね、
植物はその土を食べて感覚を失った……
奇妙な香水でバラを浸し、
花々に化粧することを教えこんだ。
白かったチューリップは肌色を求め……

『黒いチューリップ』で、デュマはチューリップの起源についても誤っている。チューリップは1530年にセイロンからポルトガル経由で初めてヨーロッパにもたらされた、とデュマは書いた。東洋からの舶来品はたしかにこの船上ルートでやってくるが、チューリップは違う。デュマは、チューリップに関してはもちろんフランスの資料を参照しており、さらに物語が錬金術を匂わせるところなどから、花については17世紀のフランスでもっとも重視された論文『フランスのフロリスト *Le Floriste français*』（1654年）を書いたシャルル・ド・ラ・シェズネ・モンテルールに影響を受けたと思われる。[14]

モンテルールはチューリップに傾倒していただけでなく、原理において理解不足があるにしろ物理学やその他の科学にも関心をよせていたので、実際の観察や園芸上のアドバイスも盛りこんだ。たとえば、夏のあいだ箱にしまっておいたチューリップの球根は10月には植えるべきで、11月初頭に植えるようでは怠け者だし、11月末まで放っておくのは無能者だと書いた。土壌についても、教訓として、ハトの糞を使ってチューリップをだいなしにしてしまったルーアンの園芸家の話を引き合いに出している。また、縞模様のあるチューリップは弱い、対比となる色は花の基部から筋状にあがってくると指摘し、弱っているからチューリップはすべての色を花弁に引き上げられないのだという鋭い指摘をしている。最新の流行は「ファンタスティックス」という茶と紫の縞が入った黄色いチューリップだったが、クルシウスが指摘したように、白いチューリップのほうがたいていよいブレイク（色割れ）を起こした。

モンテルールが個人的に好んだのは、「紫とはあきらかに異なる淡いスミレ色」をした「セダニュル Cedanulle」だった。もともとはラテン語の cede nulli（唯一無二の）からきた名前だったが、場所が変わり時を経るうちに、綴りが変化し、おそらく意味も失われ、色味も変わったのだろう。それでも人気は当代一だった。ジョン・レイの『フローラ、セレス、ポモナ』（１６６５年）にも「セダネラ Cedanella」と紹介されている。

> ジーブロム・チューリップ――特徴としてはくすんだ青みのある赤で、色が変わりやすく、あせやすい――が起源。セダネラはずっと優れた品種で、青みのある淡紅色に深紅、くすんだ紫、きれいな白の斑がはいる。[15]

この花は、フランドルの画家ヤン・フィリプス・ファン・ティーレンの一風変わった絵にも「セドゥヌル Sedunule」として登場する。描かれているのは、ほとんどがローゼン系チューリップ18

ヤン・フィリプス・ファン・ティーレン『花瓶のローゼン系チューリップ』1645～50年頃、油彩、板。

本だ。飾り棚におかれた花瓶の隣には半分丸まった紙があり、小さな番号をふったチューリップの名前が８種類書かれている――セドゥヌルのほかは「センペル・アウグストゥス」「ヘネラール・ボル」「ヘネラール・ハウダ」「ロバネット」（ヴェスパシアン・ロバンまたはジャン・ロバンにちなんだ名）、それに「レオポルト」などである。「レオポルト」はドイツの目録では「レオポルト皇帝」と省略せずに記される、当時話題の新種だった。オーストリア・ハプスブルク家の神聖ローマ皇帝レオポルトは、１６５８年に帝位を継承し、ルイ14世の拡張主義の盾となった。スペイン継承戦争（１７０１〜14年）では、ルイ14世の孫に対抗して自分の息子をスペインの王座につかせようとし、対立を巻き起こした。１７０４年、レオポルトとウィーンにフランスの危機が迫り、急遽駆けつけたイギリスとドイツの同盟軍がブレンハイムの戦いに勝利することによって、からくも虎口を脱する。

ルイ14世の王宮庭園には最新流行の花が集められていた。植栽計画に基づき、春にはチューリップ、スイセン、ヒヤシンスがきっちりと配分されて植えられた。ヴェルサイユの大トリアノン宮殿には、特別な品種のチューリップがたくさん集められ、その一部は、「王のベラム *Velins du Roi*」と呼ばれる王室の花のアルバムに精密画で描かれている。アルバム制作の指揮を執ったのは、１６６４年に、緻密で光り輝く水彩画を描く画家に与えられる「国王陛下の細密画画家 peintre ordinaire de Sa Majeste pour la miniature」の称号を与えられた宮廷細密画家ニコラ・ロベールだった。

ロベールの宮廷における最初のパトロンは、オルレアン公ガストンである。公はルイ14世のおじであると同時に、ルイ13世とヘンリエッタ・マリア・オブ・イングランド王妃の兄弟であり——（やはりチューリップ収集家だった）リシュリュー枢機卿の、その後はマザラン枢機卿の政敵だった。さまざまな不興を買ったのち、オルレアン公ガストンは庭園の管理という名目でブロワにある屋敷に引退し、ひじょうに熱心な植物収集家になった。ロベールは、1660年にオルレアン公が亡くなるまでブロワの庭園で植物の観察を続け、装飾的な花を描く画家から植物学の専門家に変貌を遂げた。彼がオルレアン公ガストンのためにつくった名花選は、ボーフォート公爵夫人のものと同様、個人的なコレクションへの大きな愛がひしひしと感じられるが、分類という意識が欠けているところも共通している。[16]

ひとつのページに、赤いロベリア・カルディナリス（ベニバナサワギキョウ）とメルヴェイユ・ド・ペルー（ペルーの驚異）がならんで描かれている。どちらも新世界から新しく紹介された花だ。東洋から来たピンクのハイビスカスには、モーヴ・エトランジェール・ア・グランド・フルールという名が記載されている（「モーヴ」はアオイの意）。ひじょうにめずらしい、黄、赤、緑の縦縞が均等にはいる花弁のチューリップには、パロケット・ド・トロワ・クルールという名が記されているが（「パロケット」はパーロットの意）、花びらはとがっていても波状にはなっていない。「パーロット」という名称は、最初は花弁が羽のようだというよりも、配色があざやかだということでつけられたのだろう。これは、バルタサール・ファン・デル・アストの弟子だったヤン・バプティスト・ファン・フォーネンブルフが描いた静物画にもあてはまる（前出図版参照）。赤と黄のあざやかなチューリップ（おそらくパーロットだろう）が、同じ配色の鳥とともに描かれている。こうい

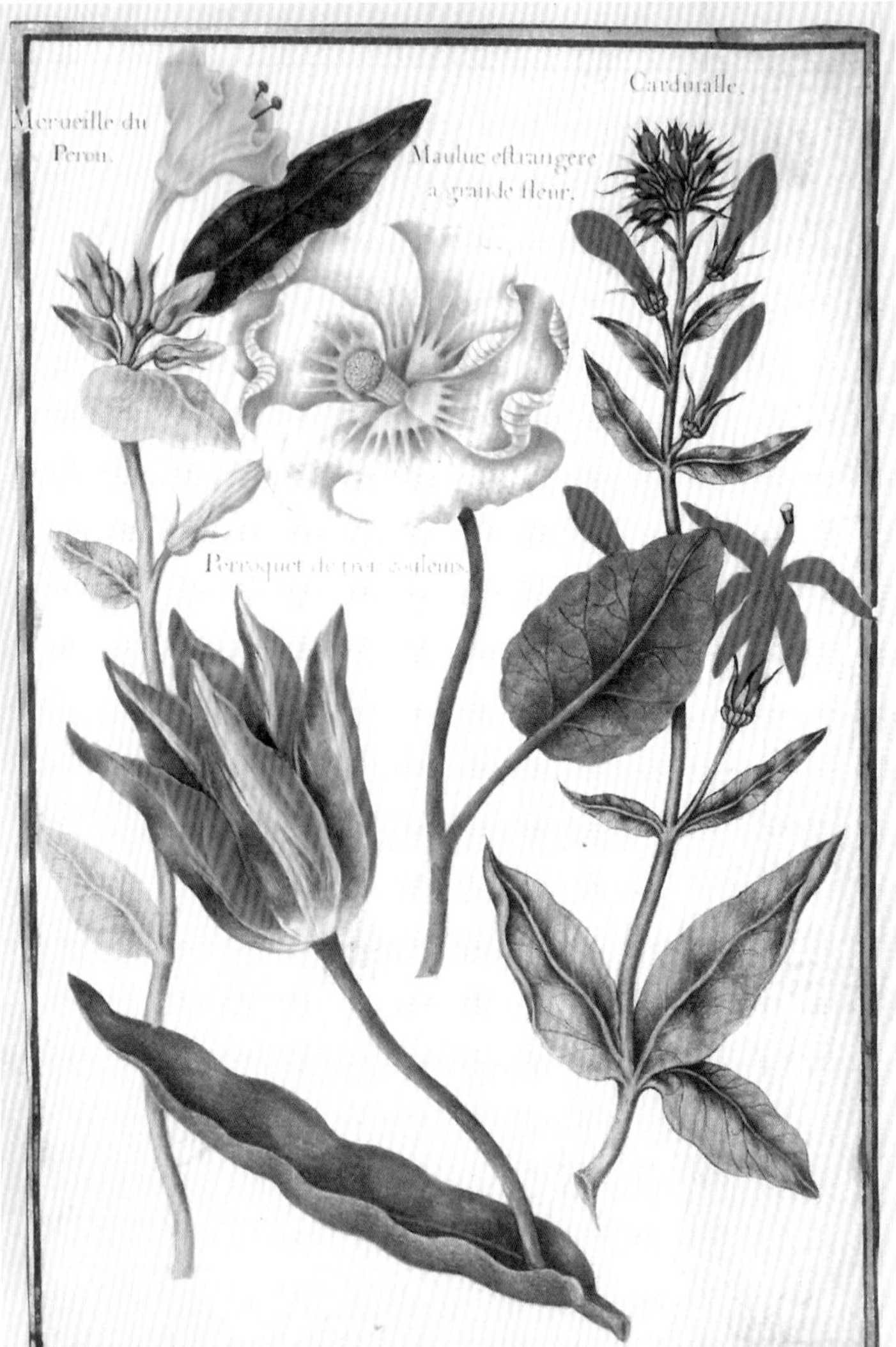

「パロケット・ド・トロワ・クルール」3色のパーロット・チューリップ。17世紀なかばのニコラ・ロベールの名花選より。

う鳥は当時高価なペットであり、皮肉屋にとっては、花と同じで縁のないもの、あるいは軽蔑の対象だった。絵のなかでネガティブなイメージを植えつけているのはネズミである。ネズミは、ある意味では17世紀を象徴する存在だった。ネズミがもたらす疫病の突発的な流行は戦争よりもおそれられ、知らないうちに広まるために経済にも大きな影響を与えた。

ロベールの名花選には、ほかにもパーロット・チューリップが登場するが、もっともすばらしいのは、ピンクと緑の美しい花弁を持つパロケット・フランボワイヤンだ――現代の品種では、それぞれの花弁の中心に緑色が入っているヴィリディフローラ系チューリップに似ている。細くとがった花弁が優雅に外へ向かって広がり、わずかに波打っている。オルレアン公ガストンのパーロット・チューリップはほぼ緑色の縞なので、どうしてパーロットという名前がつけられたのかはわからない――ヨーロッパに最初に入ってきたオウムが緑色だったのだろうか。オルレアン公ガストンは、本物の植物学者と同じように、チューリップという種にも強い関心があったらしい。ツリパ・サクサティリスが登場すると、テュリップ・ド・クレトと名付けた。2種類の赤いツリパ・シュレンキーには、テュリップ・コミューンと名づけた。ひとつは赤い花びらに黄色の縁取りがあり、どちらも花底部に黄色に輝く斑紋があった。ガストンの縦縞模様のチューリップのうち、パナッシェ、フエッテ、ビュリネなどフランスでよく知られたものは、通常のものとはいくつか異なる点がある。アプリコット・パナッシェは、オレンジがかったピンクと黄色がかすかに混じりあい、不規則な縞や点が入っていて、とがった花びらの先がねじれているのが大きな特徴だ。名前が記されていない別のチューリップは、大ぶりで、よくあるような縞がなく、赤と黄色と白のまだら模様が、まるで

ニコラ・ロベールの名花選に描かれたチューリップ。「クリームをのせたサマープディング」のような模様のチューリップも描かれている。

クリームをのせたサマープディングのように見える。経験を積むにつれ、ニコラ・ロベールの仕事は、しだいに装飾性を廃し、科学に基づいたものになっていった。彼はルイ14世だけでなく、王立科学アカデミーのためにも働いた。ロベールの絵は、ときには根や種子、種子の莢《さや》まで描かれており、植物画が18世紀に発展したことを物語っている。

長く君臨したルイ14世の治世にはさまざまな暗黒面があったが、ユグノー迫害の再開もそのひとつだった。1598年のナントの勅令で容認されたユグノーの信仰の自由を、ルイ14世は1685年に廃止した。16世紀にオランダとイギリスにはじめてもたらされたチューリップの動きを追えば、宗教的不寛容から逃れようとする人々の動きもまた追える。1688年、ジェームズ2世から王位を奪うことに成功したオラニエ公ウィレムの連隊には、ルイ14世のフランスから脱出したユグノーがおおぜい参加していた。続いてアイルランドでカトリックの反乱が起こるなか、ジェームズが復位を目論んだ1690年のボイン川の戦いにおけるウィレム3世の勝利は、ユグノー将校たちの貢献が大きかった。1746年にダブリン・フロリスト協会が設立されたとき、チューリップ栽培をはじめたのは、アイルランドに移住したその将校たちだったことがわかっている。

オランダ、イギリス、フランス、ドイツからの移民による北アメリカの植民地化も、宗教の自由を求める動きとリンクしている。チューリップを持ちこみ、現在のマンハッタンの大通りがある土地に植えたのは初期にニューアムステルダムに入植したオランダ人たちだ。1642年に移住したアドリアーン・ファン・デル・ドンクは、同郷人が栽培に成功した野菜や花々について記述しており、そこにはチューリップもはいっている。ニューアムステルダムの最後の総督ピーター・ストイフェサントは、ライバルの植民者に対する自衛手段として防護壁（現在のウォール・ストリートの由来）を作った。だが1664年に入植の権利がイギリスに譲渡され、名前もニューヨークに改められると、ストイフェサントは職を退き、バワリーと呼ばれる自分の地所でチューリップを育てた。現在でいえば、マンハッタン近郊のストイフェサント・ストリート沿いの地区がそれにあたる。

毎年、ニューヨーク州のオールバニーからミシガン州までの各地で開かれる、オランダの伝統色を残したアメリカン・チューリップ・フェスティバルは20世紀なかばにはじまったものだが、もとはピンクスターフェスト（オランダ語のペンテコステ〈五旬節〉もしくは精霊降誕祭に由来）と呼ばれていた。それは初期の入植者が祝った宗教的な祝日で、チューリップの開花の時期とも重なっている。入植者が連れてきたアフリカ人奴隷はこの数日間だけは自由の身になり、よその家に売られた家族を訪ねることが許された。19世紀まで、ピンクスターフェストはアフリカ文化やカーニバルを楽しむ都会の祭りとして祝われていたが、1811年に暴動につながるおそれがあるとして禁止された――その後、チューリップ・フェスティバルと名前を変えて復活する。

激動の時代を生きた人間とチューリップのつながりをもっと静かに回想させてくれるものがある。1710年から1720年にかけて制作されたストーク・エディスのタペストリーだ。アングロダッチ様式の庭園で、黒人の召使――彼らをかかえるのが当時の流行だった――が陰で控える庭園で、紳士と貴婦人がチューリップの花壇を愛でている。チューリップは、幾何学模様の庭園によく合うように規則正しく一列に植えられている。

ストーク・エディスのタペストリー（部分）。1710～20年。麻のキャンバス地に絹と羊毛で刺繍したもの。整然とした花壇にチューリップが植えられている。

第7章　植物学者と花の栽培家

18世紀になると、ヨーロッパ諸国の貿易と植民地支配が世界の隅々にまで到達したことによって、植物収集の世界でチューリップの優位性は失われ、新たに輸入された外来の植物と競合するようになった。これらの植物の未知の形状と習性は科学研究に大きな進展をもたらすきっかけとなり、植物学者たちは、スウェーデンの植物学者カール・フォン・リンネによる研究と、リンネが考案した植物の雌雄蕊《しゆうずい》分類体系［英語では「セクシャル・システム」］を重視するようになった。こうした植物学者たちの関心の変化は、当然のことながら、植物画家の方向性に影響を与えた。マリア・ジビーラ・メーリアンもそのひとりである。

メーリアンは、フランクフルトで花の画家としての訓練をはじめた。彼女の義父と夫もまた画家であった。義父のヤーコプ・マレルはチューリップ図集の水彩画や花の静物画を描き、同門の弟子にはアブラハム・ミニョンがいた（のちにヤン・ダフィッツゾーン・デ・ヘームの工房にはいり、その系列の第一人者になった）。1675年から1680年にかけて出版されたメーリアンの著作

『新しい花の本 *Neues Blumenbuch*』（全3巻）は、彼女が絵画と刺繡用図案を生徒に教えるときのテキストとして出版されたものだったが、やがて広く人気を博すようになり、メーリアンの名声は確立された。彼女の描くチューリップがサテンの輝きをおび、あざやかに色分けされ、葉と花弁には生命力の揺らぎが感じられ、鳥の羽のような新種のパーロット系も含まれていたことを考えれば、それは当然のことだったろう。オランダに移り住んだあと、メーリアンは植物と昆虫の関係に興味を持ち、17世紀から18世紀の変わり目に、熱帯の植物と昆虫の生態を学ぶために大胆にもオランダ領のスリナム（南アメリカ北東部）に移住した。その成果は『スリナム産昆虫変態図譜 *Metamorphosis Insectorum Surinamensium*』として1705年に出版されたが、この本にはもうチューリップは描かれていなかった。

ゲオルク・エーレットのキャリアはメーリアンよりもはなばなしい。ハイデルベルク近郊の庭師の息子として生まれたのでそのまま父親の弟子になり、ごく地味なスタートを切った。1728年、20歳のエーレットは、カールスルーエのバーデン＝ヴュルテンベルク辺境伯の大庭園で働いていた。チューリップ狂時代、先代の辺境伯は前代未聞の4796におよぶチューリップの栽培に熱中したが、新領主のカール・ヴィルヘルム3世は1715年に庭園を改修し、装飾的な配置の広大な花壇をつくった。エーレットが庭師として働いていた時期の目録に記載されたチューリップの数は2000以上にのぼり、その後さらに増えていった。

1730年に出版されたカール・ヴィルヘルム3世の名花選『カールスルーエのチューリップ花譜 *Karlsruher Tulpenbuch*』（1730年）は、若き庭師の芸術的な才能を新境地へ飛躍させた。エ

マリア・ジビーラ・メーリアンが描いた「ダイアナ」。17世紀後半の最高品種のひとつ。『新しい花の本』より（1680年）

ーレットが描いたチューリップの絵は、メーリアンが熱帯地方に旅立っても、植物画の未来が失われていなかったことを証明した。実際、エーレットはメーリアンをしのぐ、息をのむようなすばらしいパーロット系チューリップの絵を描いたのだが、パーロット系は18世紀初頭にはまだ一般に認められていなかった。ヘンリク・ファン・オーステンが1703年に出版した『オランダの園芸家 *The Dutch Gardener*』には栽培法がくわしく書かれていたが偏見も多く、チューリップを「花の女王」と称賛する一方で、パーロット系を「見るもおぞましい怪物」と切り捨てた。

エーレットはカールスルーエを去ったあとも当時の植物学の第一人者たちと仕事を続け、数千ものチューリップを描いたことで評価されている。ニュルンベルクでは、医師で植物収集家、出版者でもあるクリストフ・ヤーコブ・トロゥーと生涯にわたって協力関係を築いた。パリでは、博物学者のベルナール・ド・ジュシューとともにパリ植物園で働き、1736年にロンドンに移住すると、チェルシー薬草園で医師のハンス・スローン卿、園芸家で植物学者のフィリップ・ミラー（エーレットの妻はミラーの義理の姉妹にあたる）と密接に協力しながら働いた。彼はさらに、裕福で熱心な収集家で、文学好きで科学にも通じたポートランド公爵夫人の寵愛を受け、バッキンガムシャーのバルストロードにある彼女の庭園を新種の植物で満たし、公爵夫人の仲間を大いに楽しませた。エーレットはそこで、公爵夫人の友人で、繊細な「花の切り絵」作家であるメアリ・ディレイニーと出会った。1768年10月、ディレイニーは日記でエーレットを気遣っている。「気の毒なエーレットは目の調子が悪いとこぼした。葉や花を顕微鏡でのぞきながら調べているときに目をいためてしまったのだ」[1]

ゲオルク・エーレットが描いた「パーロット・チューリップ」。『カールスルーエのチューリップ花譜』より（1730年）

顕微鏡をのぞいていた理由はおそらく知らなかったのだろうが、興味深いコメントだ。というのも、エーレットが調べていたのは植物の繁殖にかかわる部分だったからである。エーレットの生涯において科学的な意味でもっとも重要な協力関係は、カール・フォン・リンネとの共同作業だった。リンネが提唱する理論が認められるようになると、エーレットなどが手がける本格的な植物画には、植物そのものに加えて、おしべやめしべの図解が必須になった。リンネとエーレットは1735年に出会った――ふたりともまだ若かった。アムステルダムの裕福な銀行家であり植物収集家のジョージ・クリフォートが所有する、ハールレムの郊外へームステーデの庭園で働いていたときのことである。クリフォートの庭園の管理をしていたリンネは、1738年、植物コレクションの詳細な目録『クリフォート邸植物誌 *Hortus cliffortianus*』を編集した際、彼が考案した植物の雌雄蕊分類体系を初めて出版する機会を得た。この目録のために、エーレットは花の内部を詳細に描いた20点の図版を作成した。

リンネは自身の理論を『自然の体系』（初版は1735年、改訂版が1758年に刊行）でより詳細に示し、植物のおしべとめしべを数えることによって植物を分類する方法を説明した。一雄一雌の――見かけ上おしべとめしべが1本ずつしかない――カンナからはじまるこの本は、清らかな花弁には雄性器官と雌性器官がひそんでいるという説明が満載で、18世紀の上品な社交界を混乱させることになった。チューリップはユリ科のほかの花と同じように、通常、6本のおしべと1本のめしべから成り、いわゆる「一妻多夫」の形をとっている。おしべとめしべほどには騒がれなかったもうひとつのリンネの改革は、植物を属名（たとえば *Tulipa*〈ツリパ〉）と種名（*sylvestris*〈シルウェストリス〉、*clusiana*〈クルシアナ〉など）のふたつのラテン語の名前だけであらわす二命名法である。1753年にこの『植物の種誌 *Species Plantarum*』が出版されるまでに、リンネは7000を優に超える植物を命名し分類していたが、新たに発見したすべての花にラテン語の名前をつけるという混沌とした作業は放棄された。

当時、ヨーロッパにおいてラテン語はまだ共通言語だったが、だからといってすべての潜在読者がラテン語を読めるわけではなかった。リンネの本を英語に翻訳する作業を引き受けたのは、チャールズ・ダーウィンの祖父にあたり、チャールズよりもはるかに個性的なエラズマス・ダーウィンだった。リッチフィールドの名医として名高いエラズマスは、とくに理由もなく、ジョージ3世によってロンドンに呼び寄せられた。エラズマスはイギリスの中心部で、ジョサイア・ウエッジウッドやマシュー・ボールトンやジェームズ・ワットなどの産業革命を推し進めた人々と交流した。彼は美食家で、奴隷貿易に断固反対した愛情深く家族思いの男であり、多彩な趣味のひとつとして園芸が好きだった。

エラズマス・ダーウィンは1770年には進化論の概念にたどり着き、それを提唱していた。だがそれは、ビクトリア朝の社会に衝撃を与えた孫のチャールズのように詳細な調査研究に裏付けられたものではなかった。エラズマスは詩も書いたので、リンネの本を翻訳したのち、「女性やただの学者たちに」植物に関する厖大な知識を広めるために、この手法を用いることにした。彼の長編詩には『植物の生育の秩序 *The Economy of Vegetation*』（1791年刊行、地球は天体の爆発によって形成され、有機体は海から生まれたことを示唆した）と『植物の愛 *The loves of the Plants*』

（1789年刊行、個別の花について書かれた）がある。後者は分類学に関する詩で、冒頭に「植物の結婚」と題されたリンネの植物の雌雄蕊分類体系の図を載せ、植物に関する幅広い知識を網羅したものだ。チューリップについてエラズマスがもっとも感銘を受けたのは、冬越しの球根だった。

刈りこまれた芝生とわびしい荒地の上に
去りゆく秋の突風が吹きすさぶ……
しおれた花がうずたかく積みあげられる
凍えた虫は土の下にもぐりこむ
美しいチューリップは猛々しい警報に身をひるがえし
幼な子を両腕に抱きよせる
人里離れた洞窟や安全なあずまやに横たわり
そして澄みわたった空の求愛を待つ

この詩がうんざりするほど非科学的に思えるとすれば、詩のあとに続く球根の性質に関する注釈によってバランスがとれるだろう。注釈では、土のなかに埋まった、茎から形成される栄養分の貯蔵器官についてこのように説明している。

これらの球根は、地中に生じることを除けば、あらゆる意味でつぼみに似ており、そこに内包された小さな葉や花は、来たる春にふくらむことになる。チューリップの球根を包む皮を慎重に切り開けば……花弁とおしべとめしべのある花の美しい全貌を肉眼でとらえることができる。[2]

18世紀は依然としてギリシャやローマの植物学に対する関心が強かった。1784年、オックスフォード大学の植物学の教授を父にもつジョン・シブソープは、古代ギリシャの植物学者ディオスコリデスが言及した中世の植物を採集するために、ギリシャとトルコに旅行することを決意した。シブソープはまず、最古の文書（オジエ・ギスラン・ド・ブスベックがイスタンブルで入手したウィーン写本［古代ローマのディオスコリデスの著作『薬物誌』のギリシャ語の写本］）を研究するためにウィーンに立ち寄り、その際、最初は植物画家だったフェルディナント・バウアーにギリシャ・トルコ旅行に同行するよう説得した。彼らの採集旅行の成果として完成した12巻におよぶ『ギリシャ植物誌 *Flora Graeca*』には、トルコに自生する小さく優美なツリパ・クルシアナの絵が掲載された。[3] この植物誌に載ったチューリップはこれしかなく、実地調査をする植物学者のあいだでチューリップの重要性が薄れていたことがわかる。それでも植物誌全体の内容からは、彼らの関心が植物の原種に集中するようになったことがうかがえる。

この傾向は、ピエール＝ジョゼフ・ルドゥーテの傑作『ユリ科植物図譜』にも顕著だ。この図譜はマルメゾン城のフランス皇后ジョゼフィーヌ・ド・ボアルネのすばらしいコレクションを記録するために編纂されたもので、1802年から1816年にかけて刊行された[4]（『ギリシャ植物誌』とほぼ同時期にあたる）。シブソープが特定の地域の植物を調べたのに対して、ルドゥーテは特定の科の植物に焦点を絞ることによってシブソープとは異なる新たな科学的手法をとった。彼は広い意味で「ユリ」としているが、ショウガやシャグマユリ、ランなどの単子葉植物を幅広く取りあげた。ルドゥーテのチューリップには、リンネの植物体系にしたがってツリパ・ゲスネリアナ（ヨーロッパで作出されたチューリップにはすべてこの学名があてられた）と書かれた2色の園芸品種が2種類ある。だが、それ以外は皇后のコレクションにあったツリパ・クルシアナ、ツリパ・シルウェストリス、ツリパ・セルシアナ（シルウェストリスの近縁種でもっと小さい）、ツリパ・アゲネンシス（当時はツリパ・オクリスーソリスと呼ばれた。1枚の花弁が優雅に垂れ下がり、黒と金色の斑紋が見える）、ツリパ・シュレンキー（その甘い香りからツリパ・スアウェオレンスとして知られた）といった野生種だった。そして、この偉大な植物誌の終盤、第8巻に、マルメゾン城に到着したばかりのツリパ・アクミナタ（当時はツリパ・コルヌタ *T. cornuta* とも呼ばれた）が掲載されている。ツリパ・アクミナタは赤と黄色の糸のような個性的な花弁をもち、先端が少しねじれてとがっている。この品種が変異してトルコのチューリップが生まれたのか、あるいはその逆なのか、もしこれがそれほど興味深い交配種だとすれば種小名があるのではないか、といった謎が残る。しかしこのチューリップは、1811年、コペンハーゲン大学植物園に基準標本が届いた際に命名されたツリパ・アクミナタという名前を現在も保持している。

増加するチューリップの品種の識別については、ランベスの種苗商で実業家のウィリアム・カーティスが1787年に発刊した「カーティス・ボタニカル・マガジン」誌に図版入りで詳述され、それ以降も継続して掲載された。この雑誌は、一般読者に新種の外来の観賞用植物に親しんでもら

ツリパ・シルウェストリス。ピエール＝ジョゼフ・ルドゥーテ『ユリ科植物図譜』より（1802～16年）

うことを目的とした図版入りの定期刊行誌で、植物の説明、原産地、栽培の注意が掲載され、キュー王立植物園（キューガーデン）や一流の園芸家との密接なつながりによって大成功した。初期の植物画の多くは、そのジャンルのイギリスの第一人者であるジェームズ・サワビーが手がけた。この人物は、熟練した、そしてなによりも彩色図版を採算にあうものにした印刷技術の先駆者だった（1787年、若き日のルドゥーテは英国を訪れた際にサワビーの指導を仰いだ）。しかし、先見の明があるサワビーでさえも、たとえば、チューリップの最新品種の図版が掲載された『フロリストの喜び *The Florist's Delight*』などの売り上げのよくない刊行物に数多くの作品を提供するというリスクを冒した。

ヨーロッパ諸国がフランス革命戦争に突入した時期に大作『フローラの神殿』（1779～1807年）を出版した不運なロバート・ジョン・ソーントンは、とうとう破産に追いこまれてしまった。『フローラの神殿』は、ソーントンが植物愛好家をターゲットにした『リンネの雌雄蕊分類体系の新図解 *New Illustrations of the Sexual System of Linnaeus*』の一部で、彩色図版の分冊として編集された。その図版は植物画を専門としない一流の画家たちに委嘱し、費用を惜しむことなく複製された。どの花の絵にも、心を揺さぶる、どことなく不条理な美しい背景が描かれてあり――オランダのこぢんまりとした街と風車と海を背景にしたチューリップなど――読者の想像力をかきたてる作品になっている。意図的ではないだろうが、その1世紀前にリチャード・スティールとジョセフ・アディソンが刊行した文学・社会誌「タトラー」に載っていたような風刺を思わせる文章が添えられている。

ロバート・ソーントン『フローラの神殿』（1799～1807年）のチューリップ。フィリップ・ライナグル画。上は「ルイ16世」、その真下が「ジェネラル・ワシントン」、下部中央が「ラ・マジェステュウーズ」、左が「ラ・トリヨンフ・ロワイヤル」（赤）と「グロリア・ムンディ」（黄色）。右が「ダッチェス・オブ・デヴォンシャー」と「アール・スペンサー」

ひときわ目立つチューリップは、栄華をきわめた不運なフランス国王ルイ16世にちなんで名づけられた。その黒く縁どられた花弁は、まさに悲しみの象徴である……次の尊厳あるチューリップは濃い紫の縁取りで花弁も堅牢、これは正直者で揺るぎない信念の持ち主ジェネラル・ワシントン（ワシントン将軍）の名をとった。その下には「ラ・マジェステューウーズ（荘厳）」、淡紅色の「ラ・トリヨンフ・ロワイヤル（王室の勝利）」、その下には現世の完璧さを象徴する黄色の花「グロリア・ムンディ（世界の栄光）」。最後のふたつは種苗商デイヴィーとメイソンが新たに作出したもので、わたしはこれらのチューリップに命名する際に、本書の製作に資金援助をしてくれたふたりの著名人物の名前をとった。すなわち、すばらしい感受性とまごうかたなき美を持つデヴォンシャー公爵夫人と、わが国の海軍において忘れがたい功績を残したスペンサー伯爵である。[5]

ソーントンの記述の最後にあるふたつのチューリップは、ロンドンの種苗商——キングス・ロードのトマス・デイヴィーとフリート・ストリートのジョン・メイソン——が作出した、イギリスのフロリストのチューリップだ。フロリストという呼び名の定義にはさまざまな変遷があり、お高くとまった意味合いを含むことが多かったが、1870年頃に切り花をあつかう商売を指すことでようやく落ち着いた。かつてオランダではチューリップ狂時代を「フロリスト」のせいにすることで、この呼び名をおとしめたが、イギリス人は植物の専門家を「フロリスト」と呼ぶようになった。1629年、植物学者のジョン・パーキンソンは、実用性ではなく美しさを求めて植物を育てる人々のために出版した『日のあたる楽園、地上の楽園 *Paradisi in Sole Paradisus Terrestris*』でこの呼び名を使った。「フロリスト」が初めて本のタイトルに使われたのは、1682年、牧師であり園芸家のサミュエル・ギルバート（義父ジョン・レイのチューリップのコレクションを引き継いだ）が出版して大成功をおさめた『フロリストのハンドブック *Florists' Vade Mucum*』だった。

この本の目録や注釈のなかでギルバートは「田舎の女性たちには好まれるが、より価値の高いものに魅了されるフロリストにとっては無意味で些細なこと」[6]を排除することによってエリート意識も表現した。この本の核心は、なによりも1種類の花をきわめることにあった。親睦会や品評会の開催がその動きをさらにうながし、労働者階級の花の愛好家の参加がこうした会合の特徴のひとつになった。

17世紀のイギリスのフロリスト協会に関する資料には腑に落ちない点が多い。たとえば、1677年、ロンドンのストランドの近くに土地を所有していた種苗商のウィリアム・ルカスは、金の指輪に相当する金額をフロリスト協会の全会員に遺贈するという遺言を残した（彼らのチューリップやイベントの詳細については想像の域を出ない）。最初に記録として残っているフロリストの祭りは、1631年5月にノリッジで開催された。騒がしいうえに、キリスト教の規範に反すると考えられていた女神フローラに捧げられた祭りであったために、地元のピューリタンの不興を買うことになった。彼らの不満に対して、主教付きの牧師たちはフロリストたちを擁護する文書を書いたが、その文面から問題となった花がたしかにチューリップであることがわかる。

おそらく、その当時ノリッジとイースト・アングリアでチューリップの栽培が集中的におこなわれたのは、土壌が適していただけでなく、ユグノー（フランスから逃れてきたカルヴァン派教徒）やフランドル地方出身の職工やオランダの水道技師が広範囲に定住していたからだろう。彼らは花の普及に加え、フロリスト協会に地主階級や知的職業階級だけでなく肉体労働者を受け入れやすい状況をもたらした（たしかにこの時期にはオランダやフランドル地方出身者の町にフロリスト協会ができていた）。

ヨークのフロリスト協会の最古の資料は、集会の招待状を作るために使われた銅板である。これにはアン女王の両腕が描かれており、女王の在位期間である1702年から1714年まで使われた。それ以降、地方新聞もフロリスト協会も足並みをそろえて発展したため、新聞にその活動が掲載されるようになった。1716年、『園芸追想 *Memoirs of Gardening*』にはこんな記事がある。

「モーニング・ウィドウ」や「フールズ・コート」のような花弁の先端がとがったチューリップは現在では評価されない。幅広の花弁で先端が丸く、花が大きく開き、花底部が紫がかっている白色のチューリップがもっとも高く評価される。[7]

こうしてイギリスのフロリストのチューリップの基準が定められたが、それにはチェルシー薬草園のフィリップ・ミラーのような有力者が関与していた。ミラーはロンドン植物協会の会長でもあった。この協会は、ワットリング通りのレインボー・コーヒー・ハウスで毎週集会を催し、チューリップがブレイクする（花びらが色割れする）理由などについて意見を交わした。1724年、ミラーが刊行した『園芸家とフロリストの事典 *The Gardeners' and Florists' Dictionary*』（のちに「フロリスト」はタイトルから削除された）の初版には、フロリストのチューリップの特徴が説明されている。

長く力強い茎と開いた花弁が直立していること。花の基部は上部に比例した大きさで、上部は丸みを帯びてとがっていないこと。縦縞模様は幅が狭く規則的で、基部からはじまっていること。

ミラーは「もし基部が〝本来の色を保って〟いれば、縞模様はまた消えるかもしれない」と説明している。彼は国産のチューリップを普及させるために最大限の努力をした。

近年、探求心旺盛な人々は、イギリスで撒かれた種から育てた貴重な交配種を数多くつくりだしている。もしわれわれがフランスやフランドルの人々と同じくらい熱心なら、数年のあいだにヨーロッパ諸国にひけをとらないほど多種多様なチューリップを入手できるかもしれない。[8]

一方、18世紀のスコットランドの代表的なチューリップ愛好家は、エジンバラの高名な弁護士で王立協会のメンバーであるジェームズ・ジャスティスだった。彼はハールレムの種苗園から手に入れた紫白のビブロメン系「フィオレッテン系ともいう」――それには「レックス・インディアルム」「レイネ・デ・コンゴ」「コーニフ・ファン・シャム」といった当時の植民地の拡大を示唆する名前がつけられていた――に私財を投じた。ジャスティスはオランダから取り寄せた船一隻分の土を使ってビブロメンの栽培に尽力した。

18世紀なかばには新聞にフロリスト協会の催しの案内記事が掲載されるようになり、イギリス全土にフロリスト協会が続々と設立され、最高のチューリップを競う品評会が開かれていたことがわかる。こういった品評会はパブで開かれ、銅製のやかん、銀製のお玉や皿が賞品になった。当時の記者はこう記している。「展示会で誰かがこっそり賞品を持ち逃げするのはよくあることだが、園芸家たちが落胆しないことを願うばかりだ」[9]。産業の発達にともない、都会にもフロリスト協会の会員が増えていった。たとえば、鉄器製造者、鉄砲製造者、鉄道員。ウェイクフィールドでは靴職人、シェフィールドでは刃物職人、ノッティンガムではレース職人。ストーク、ウスター、ダービー、スウォンジーでは陶器製造者などで、フロリストが栽培したチューリップは、職人たちが彩色した陶器に飾られるようになった。工場労働者のなかにはすすけた小さな庭をもつ者もいたが、多くのフロリストは市民農園を借りてチューリップを育てた。現在も活動を続けるウェイクフィールドおよび北イングランド・チューリップ協会の会員のなかには、ジャガイモを育てた市民農園で11月初めにチューリップを植える者もいた。そうすることで土がじゅうぶんに掘り返され、ジャガイモ用に使った肥料が熟成されて、ある程度土に染みこむのだ。1761年にマシュー・ボールトンがバーミンガムに市民農園を寄贈してからは、労働者の健康と作業効率の関連性に気づいた人道主義的な製造業者は、住居やパブから離れた場所での野外活動のために一定の区画の土地を提供するように

フロリストがウェイクフィールドの市民農園に植えたチューリップ

なった。

19世紀のフロリストにとって、チューリップは「とても貧しくてわずかな余暇しかないにもかかわらず、その時間を熱心な探求に捧げる人々」の恋人だった。[10] もっとも有名だったのは、ダービーの線路沿いの土手にチューリップを植えた鉄道整備工のトム・ストラーである。彼はフロリストのチューリップの傑作のうち、少なくとも3種類の栽培をになっていた（どれも現存しており、現在も賞を獲得している）。ひとつめは「ドクター・ハーディー」――マンチェスターの医師で参事会員、かつチューリップの評価基準を設定した重鎮の名前にちなんだものである。ハーディー博士自身が手がけたのは、

「ドクター・ハーディー」ウェイクフィールドおよび北イングランド・チューリップ協会のフロリストのチューリップ

鈍い紫色の栽培種から生まれた美しいビブロメン系の「タリスマン」で、「ルイ16世」や「アビ・ド・ノース」といったフランス語名のビブロメン系に匹敵する美しさだった。トム・ストラーが「ドクター・ハーディー」と名づけたチューリップは1862年に突然ブレイクした栽培種であり（色割れはつねにそうだ）、「あかるい黄色の地に深みのある茶色がかった赤が入り、基部の下の茎に認められる濃い茶色の模様で簡単に見分けがつく[11]」と書かれている。

　トム・ストラー作のふたつめのチューリップは「サム・バーロー」という品種である。これは「ドクター・ハーディー」と「サー・ジョセフ・パクストン」を交配したものだ。後者は1845年に初めて作出され、チャッツワースの高名な造園家の名前がつけられた。フロリストのチューリップには、歴代のデヴォンシャー公爵やその他のキャベンディッシュ家の人々の後援を受けたことから、彼らの名前にちなんだものがある。トム・ストラーも同じように、3つめの黄赤のビザルデン系チューリップに初代ダービー伯爵トマス・スタンリーの名前をつけた。

ノッティンガムの靴下製造者でチューリップの栽培家であるジョン・ピアソンが手がけた赤紫色のビブロメンには、貴族令嬢スタンホープ（レディ・スタンホープ）の名前がつけられている。スタンリーもスタンホープも、やはりチューリップ栽培のパトロンだった。ジョセフ・パクストンの名前を冠したチューリップは「レモンイエローの地に黒っぽい茶色が入り、遅咲きで繁殖がむずかしい」とされている。しかし1860年頃、トム・ストラーはそれを果敢に「ドクター・ハーディー」と交配して「サム・バーロー」をつくりだした。

ねじれた大きな柱頭で簡単に見分けがつく。すばらしい炎状模様の花を咲かせ、羽状模様になることは少ない。黄色地に赤褐色が入り、ブレイクしたものは深い赤茶色になり、丈夫で増やしやすい。

サム・バーロー本人はロッチデールに住み、最初は漂白工場に勤めていたが、のちにその工場の所有者になった。さらに治安判事、参事会員、マンチェスター芸術クラブの会長に就任した。バーローは、仕事の合間に、ビクトリア時代にフロリストの花として知られていたチューリップ、オーリキュラ、ポリアンサス、ナデシコ、パンジー、キクを収集し、「北部のフロリストの王」と呼ばれるまでになった。バーローが所有するチューリップの展示用の4つの花壇には、それぞれに7種類のチューリップが140列ならんでいた。彼の最上のチューリップのひとつは、1856年頃にランカシャーの職工ジョン・マーティンが育てた、白地にローズピンクの模様がある「アニー・マクレガー」だった。これは、より淡いローズピンクと白で「増やしやすい」とされた「マーベル」の種から育てた姉妹品種である。バーローは徹底的な収集家だった——ミドルトンの絹職工デイヴィッド・ジャクソンが育てたすばらしいビブロメン系の「ミセス・ジャクソン」を手に入れるために、球根の重さ分の黄金を支払うと申し出た。さらに、ビール瓶をめぐる一件もあった。パブで催されたチューリップの展示会の多くは、今も昔も、チューリップの長い茎を支えるのにちょうどいいことから、ビール瓶に入れて展示するのが慣習だ。バーローはそれを少しランクアップさせ、とくに1849年に設立された全国チューリップ協会の展示会で使うために、トルコのチューリップ用の細口花瓶「ラーレ・ダン」に似た黒いガラス製の花瓶をデザインした。

フロリストの世界はエデンの園ではなかった。19世紀初頭はナポレオン戦争の影響を受けた。『フローラの神殿』が失敗に終わったとき、出版者のソーントンは苦い思いをかみしめたものだ(「かつては適度に裕福だったけれども今は軍人のために払う税金が重すぎて金がない、と人々はまっとうな不満を述べているのだ」)。ウォルワースで父が営んでいた種苗園の数百種のチューリップを受け継いだジェームズ・マドックは、ジェームズ・サワビーの『フロリストの喜び *The Florists' Delight*』に自分のチューリップの図版を掲載することでチューリップへの関心を取り戻そうとしたが、それも無駄に終わった。1815年、ようやく平和が訪れるが、農業は不安定な年が続いた。それ

ウェイクフィールドおよび北イングランド・チューリップ協会の年次展示会でビール瓶に入れて展示されたチューリップ

でも、パディントン・グリーンのフロリスト、トマス・ホッグは「平和が戻ったときから、チューリップ栽培に新鮮な精神が吹きこまれた[12]」と信じた。クロイドンの経験豊富なフロリスト、ミスター・クラークはこの分野を主導し、自身の最高のチューリップをそれにふさわしく「トラファルガー」と名づけた。

だが、ほどなくしてフロリストのあいだに緊張が高まった。最初の問題は目録に掲載された値段だった。トマス・ホッグはこう記している。「適度な量の選りすぐりのチューリップを100ポンドより安い価格で手に入れることはできないだろう」。ただしこれは種苗商の世界での話であり、北部の工業地帯と中部のミッドランド地方でチューリップ栽培がさかんになったのはさほど不思議なことではない。南部と北部が競い合うようになり、それぞれの好みにも違いが生まれた。北部の栽培家は色と模様を楽しみ、南部の栽培家は花の形を重視した。その典型的な軋轢が1851年6月の「コテージ・ガーデナー」誌に掲載された。

北部チューリップ品評会は北部の栽培家を喜ばせるものであり、とくに、形の悪いチューリップを捨てられない栽培家たちにとっては満足のいくものだった……基部が崩れたチューリップを彼らが不適格とみなすことはなく、賞を与えられたチューリップは審美眼をおとしめるものだ[13]。

1847年、ハーディー博士は「ミッドランドのフロリスト」誌に「チューリップの形の完成について」と題した論文を寄稿することで両者の対立を仲介した。彼は数々の幾何学的な計算を披露し、次のような寸法をとることを判定員にうながした。「チューリップの花弁の曲線部の長さは、花の半径に等しくならなければならない」[14]。こうした厳格な判断基準は「ハーディーの法則」として知られ、北部と南部の分断から注意をそらすことに役に立ったかもしれない。一方、自分のチューリップの宣伝のために展示会に出品する種苗商と業者の出現がアマチュア栽培家たちの反発をまねき、それが新たな火種となった。アマチュア栽培家のなかには展示会での不正行為を非難する者もおり、ときには報復を防ぐために判定員が加わることもあった。

当然のことながら、彼らの感情とチューリップの値が高まるときがチューリップの全盛期だった。1854年、背の高い、美しい羽状模様のあるローゼン系の「ダッチェス・オブ・ケンブリッジ」には100ギニーの値がついた。1860年代にはフロリストの最高のチューリップでまだ生産されているものもあったが、それ以降はフロリスト協会の会員の数は減少していった。サッカー・クラブが手ごわい競争相手になった（1871年、サッカーの最初の決勝戦がおこなわれた）。実生活における美を追求した詩人で、工芸美術家のウィリアム・モリスのような理想主義者にとっては頭の痛いことに、都市部に町や工場が増えていき、最初の市民農園の多くがそこに吸収されてしまった。19世紀も終わりに近づくと、フロリストたちは次々と他界し、彼らの専門知識の多くが消滅していった。その救済に乗りだしたのが種苗商のピーター・バーである。古いタイプのチューリップを買い上げ、1893年に自身の目録に掲載し、園芸紙で好評を博した。同年、「ジャーナル・オブ・ホーティカルチャー・アンド・コテージガーデナー（園芸とコテージの園芸家）」誌に、ウ

「メドウェイ」ウィリアム・モリスの織物デザイン。モリスのデザインのうち、フロリストのチューリップをモチーフにした唯一の作品。

エイクフィールドの展示会のすばらしい記事が載った。

出品者たちはテーブルを囲んで座り、展示された花の興味深い点や詳細について自由に意見を交わした……花の美しさと長所は、展示会の商品の金銭的な価値よりも重要なものであることから、きわめて友好的な対抗意識と喜びが生まれたのだ。[15]

だが、この頃には、とくにオランダにおいて、花壇用の丈夫で新しい交配種のチューリップが営利目的の栽培業者によって大量生産されていた。フロリスト協会はどんどん減っていき、1936年には全国チューリップ協会の会員は、ピーター・バーと1929年に『チューリップの本 *The book of Tulip*』を出版したダニエル・ホールのふたりしか残っていなかった。彼らはウェイクフィールドおよび北イングランド・チューリップ協会に吸収された。この協会は現在も活動を続けており、育種用の単色チューリップや、「アビ・ド・ノース」「ロード・フレデリック・キャベンディッシュ」といった昔ながらの炎状模様や羽状模様のチューリップ、新種の「エイカーズ・フレーム」や「ウェイクフィールド」――「同じ実生から育てたもの、純白に淡紅色の模様」などを栽培している。[16] 協会主催の展示会は毎年5月に開かれ、チューリップは伝統のビール瓶に入れて展示される。

A・ダニエル・ホール卿は幅広い専門知識をもつ人物で、チューリップ栽培と近代的な植物学をむすびつけた。1920年代を通じて、彼は、現在もウェイクフィールドおよび北イングランド・チューリップ協会で栽培されているビブロメン系の「コロンバイン」や、「サム・バーロー」と「サ

「アビ・ド・ノース」ウェイクフィールドおよび北イングランド・チューリップ協会のフロリストのチューリップ

ー・ジョセフ・パクストン」を交配した「金色の下地に黒いブレイクと濃い赤紫色の陰影があるように見える」[17]ローゼン系の「グリーム」「シラノ」の栽培にたずさわった。ホールは1929年に『チューリップの本』を、そして1940年には『ツリパ属』を出版した。実際的な園芸と植物の属の研究において高名なホールは、ロザムステッド試験場の第一ディレクターに就任した。1927年、ジョン・イネス研究所のドロシー・ケイレーが、チューリップがブレイクする理由を突き止めた。1928年、ケイレーは実験結果を「応用生物学年報[18] *Annals of Applied Biology*」に発表し、チューリップのブレイクがウイルス感染によることを証明した。ブレイクしたチューリップのごく少量の組織を休眠期の正常な球根に注入することで、ブレイクと同じ効果を再現したのである。ケイレーは、ウイルスは昆虫が運ぶ樹液によってもたらされ、ブレイクの程度はウイルスに感染した組織の量に比例すると結論づけた。

1930年代になると、ウイルスを媒介するのはアブラムシであることがわかり、極端なブレイクを起こすSTBVから穏やかなブレイクを起こすMTBVにいたるまでさまざまな原因ウイルスが特定された。トップ・チューリップ・ブレイキング・ウイルス（TTBV）やレンブラント・チューリップ・ブレイキング・ウイルス（ReTBV）という種類もあった。これらのウイルスはTBVという総称で知られ、モザイクウイルスというグループに属し、モモを冒すことでも知られる。ウイルス（ひとつのチューリップに複数の種類のウイルスがいる場合もある）は花弁の色素アントシアニンに影響をおよぼす。そのためにピンク、赤、紫といった色素が生じ、もともとの花色の白や黄（つねにどちらかである）を斑に染める。ライトなブレイクでは、白や黄の地に濃い赤

キューケンホフ公園（オランダ）の歴史的品種エリアに咲く由緒あるチューリップ

やピンク、紫の縦縞、斑点、炎状模様、羽状模様ができる。ダークなブレイクは濃い色の色素が過剰に作られ、花弁を刺激的な方法で際立たせる。標準的なブレイクではその両方が起こり、ライトなブレイクが花弁の基部に、ダークなブレイクが花弁の上方に現れる。

　こうして、クルシウスの時代以来、チューリップの栽培者たちを当惑させ、魅了してきたブレイクという現象の謎がようやく解き明かされた。ブレイクすることは病気なので、通常、そのようなチューリップは弱くなるが、かならずしも枯れるわけではない。そしてフロリストが大切に育てたチューリップでは、その効果は定着する。しかし、一般市場向けの商業的な栽培家にとってウイルスは受け入れがたいものであり、球根の植えられた土地から、ウイルスに罹患したチューリップはかならず取り除かれ、罹患したと知りつつその球根を宣伝して売ることは違法である。レンブラント系として知られる縞模様のチューリップの由来は20世紀初頭のフロリストのチューリップにさかのぼる。レンブラント系はTBVが規制されるまで市場に出まわっていた。現在販売されているレンブラント系と呼ばれるチューリップは、その縞模様はウイルス感染ではなく、交配によって合法的にもたらされたものだ。

第8章 プラントハンターと種苗商

フロリストのチューリップの運命が右に左に揺れた19世紀、プロの植物学者や興味を持った愛好家が次々と発見や再発見を繰り返し、チューリップの野生種にふたたびスポットライトがあたりはじめた。たとえば、ヘンリー・ジョン・エルウィズがいる。エルウィズは大変な旅行好きで狩猟や釣りの遠征に出かけ、プラントハンターとしての感性や技術にもすぐれていた。イギリス南西部グロスターシャーのコレスボーンにあるその伝説的な植物コレクションは、現在も子孫が維持管理している。１８８2年7月に出版された『園芸家の歴史 *Gardeners' Chronicle*』には、アルジェリアの山岳地帯でツリパ・プリムリナ（ツリパ・シルウェストリスの近縁で淡い色の花）を発見したことが書かれている。

このとても小さいチューリップは、5月にオーレス山地でわたしが発見した。尾根とヒマラヤスギの森林の空き地で咲いていたが、さほど群生はしていない。ひじょうに香りがよい。この花の存在は、ヒマラヤスギの分布地帯から48キロほど奥地のエル・カンタラでハモンド氏が採取した標本や植物画で知っていた。オーレス山地で発見できた上等の球根植物はこれだけだ。[1]

エルウィズは、頓着せずに先の発見者に功をゆずる性格だった。1876年1月に「ガーデン」誌が、赤いツリパ・アイヒレリを「ミスター・エルウィズによって導入されたひじょうにはなやかな種」と紹介したときも同様だった。エルウィズは翌週「たしかにその花をイギリスで最初に咲かせたのはわたしだが、もともとは、サンクトペテルブルクのレーゲル博士とカールスルーエのわたしの友人ライヒトリン博士が球根をくれたものだ」と語っている——すべて人脈のおかげだと。[2]

ヘンリー・エルウィズがマクシミリアン・ライヒトリンに——おそらくキュー王立植物園の園長だったジョセフ・フッカーによって——紹介されたのは1870年代なかばのことで、すでにライヒトリンはカールスルーエの家業を離れ、ロシアの貴族や作家に人気のあった温泉保養地バーデン＝バーデンに植物園を創設していた。ライヒトリンは若い頃、ベルギー北西部の都市ヘントのヴァン・ホウテ種苗商で修行して専門技術を身に着けたが、その仕事のやり方はどちらかというとクルシウスを彷彿させる。つまり、個人園芸家、植物収集家、種苗商、植物園、税関吏、宣教師などの連絡役をにない、植物の交換（ライヒトリンは「送付品」と呼んでいた）を取りまとめたのだ。ひんぱんにやりとりがあった相手のひとりがエレン・ウィルモットだった。ライヒトリンは、顧客としてのエレン・ウィルモットには、園芸展示会で種苗商を負かしてやりたいという願いを思う存分かなえてやり（エレンはライヒトリンに桁はずれの注文をした）、園芸家仲間としては、自分は1

日に5回も6回も植物の成長を見てまわり、そのたびに花の色に見とれるのだと包み隠さず話したりしている。[3]

新種のチューリップが登場すると、栄誉を誰のものにするかを決めるのがひと苦労だった――プラントハンターか、調査旅行の後援者か、花に名をつけた（もしくはその名が花につけられた）植物学者か、はたまたその花を最初にヨーロッパの土に植えた園芸家か。ライヒトリンがヨーロッパの庭園に普及させたり助言を与えたりした植物は数多く、自分のノートにはきちんと「わたしが紹介したもの」と書き記していた。ツリパ・ライヒトリニー（*T. leichtlinii*）はライヒトリンの名前にちなんで命名された花である（現代では、ツリパ・クルシアナの変異種とみなされている）。ツリパ・ウィオラケアは彼の貢献によるものとされている（現代では、ツリパ・プルケッラに組みこまれている）。ツリパ・シンテニシー（赤い花で、別名ツリパ・アレッペンシス）もライヒトリンが紹介したとされているが、その学名は、エルズルム近辺のトルコ北東部で花を発見し、ライヒトリンに送ったオーストリア人プラントハンターのパウル・ジンテニスからつけられた。パウル・ジンテニスは、1869年創業のオランダの大きな種苗商ファン・トゥベルヘンの採集をおもに担当していた。

ライヒトリンがバーデン＝バーデンで受けとって繁殖に成功したすべてのチューリップのうち、ツリパ・バタリニー（サンクトペテルブルク植物園長のバターリン博士にちなんだ名称）ほど、彼が精魂傾けたものはないだろう。ツリパ・バタリニーはクルシアナ系の優美なクリームイエローのチューリップで、中央アジアで発見された緋色のツリパ・リニフォリアの近縁種だ。ライヒトリン

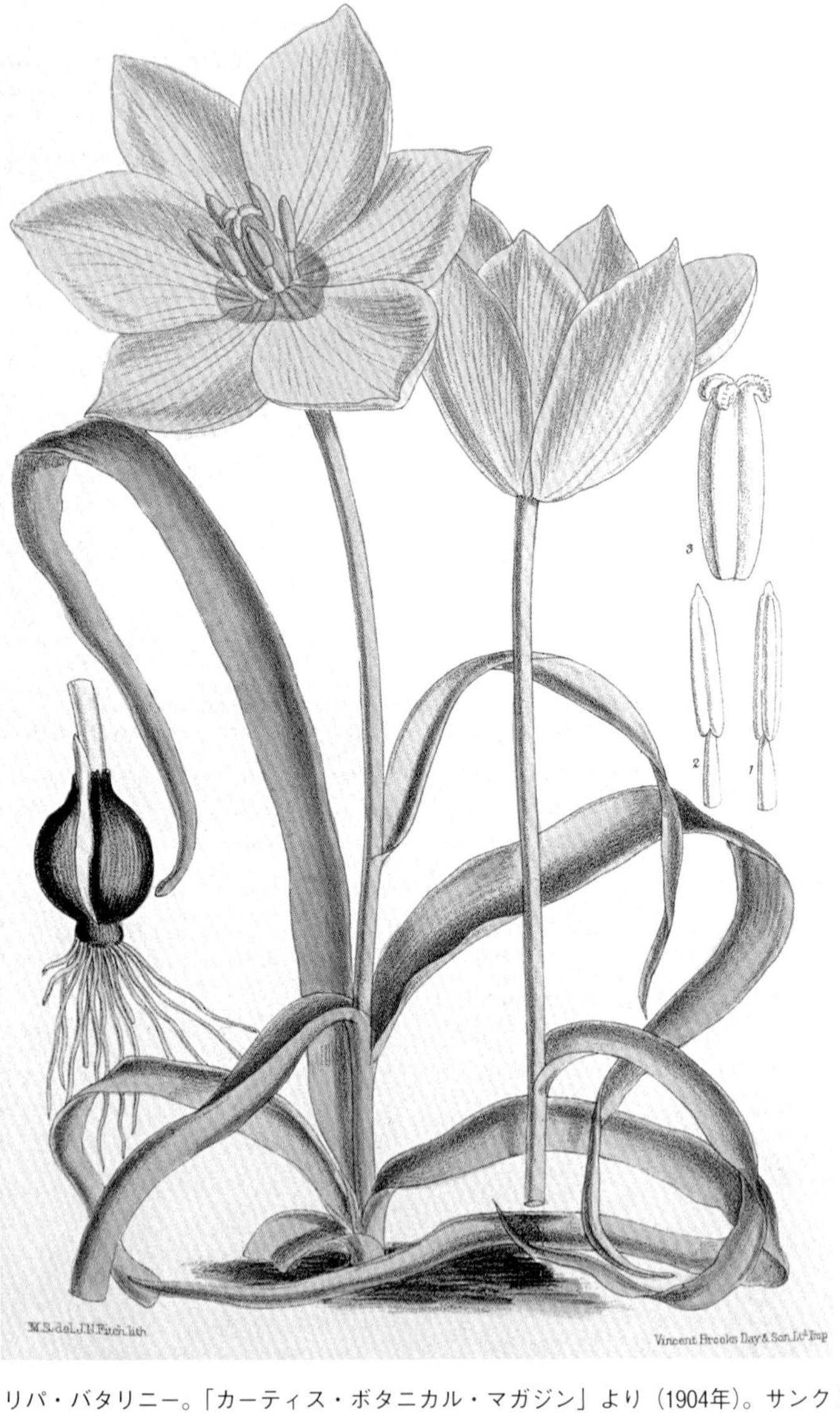

ツリパ・バタリニー。「カーティス・ボタニカル・マガジン」より（1904年）。サンクトペテルブルク植物園長バターリン博士にちなんで命名された。

は何年もかけてさまざまな黄色のバリエーションをつくりだし、ついにやわらかなえんじ色の花の作出に成功して、1904年、「ひじょうにめずらしい」球根ふたつを「ガーデン」誌上に発表した。一方、ファン・トゥベルヘン種苗商も、ウズベキスタンのブハラ探索に行っていたパウル・グレーバーからツリパ・バタリニーを受け取っており、栽培種の作出に取りかかっていた（ツリパ・リニフォリアとツリパ・マクシモヴィッチー〈*T. maximowiczii*〉などを交配に用いた）。現在の「イエロー・ジュエル」「アプリコット・ジュエル」「ブロンズ・チャーム」、オレンジ色の強い「ブライト・ジェム」、緋色の「レッド・ジェム」がそれにあたる。

ツリパ・バタリニーとその他のチューリップ群を植物学的に解析して命名したのは、ドイツの植物学者で、園芸誌「ガルテンフローラ（園芸植物）」を創刊したエドゥアルト・レーゲルである。レーゲルは1855年にサンクトペテルブルクに移り、バターリンの跡を継いで、1875年から1892年に亡くなるまで植物園の園長をつとめた。明敏な分類学者でもあり、ロシアにいることを地の利に、チューリップの採集と分類の陣頭指揮をとった。19世紀はロシアの大草原地帯探検期で、プラントハンターが軍のあとにしたがい、アジアまで地理的遠征を広げていった時代だった。さらに、レーゲルの息子アルベルトは医師であると同時に、植物探検家としてその分野の第一人者になった。アルベルトは天山山脈東方の辺境地域の医師に任じられたが、1877年から1885年までロシア地理学協会の代表として探検を指揮した。ロンドンにあるロシア地理学協会の議事録には「それまで地図上の空白地帯だった場所を解明したレーゲル博士」と敬意を示す記録が残っている。

ツリパ・アルベルティー。「カーティス・ボタニカル・マガジン」より（1879年）。エドゥアルト・レーゲルの息子で植物収集家のアルベルト・レーゲルにちなんで命名された。

アルベルト・レーゲルは、パミール・アライ山脈南側のけわしい斜面に咲くツリパ・プラエスタンスを最初に発見した。これは先端がとがった大きな赤い花をいくつもつける枝咲き系に分類される。アルベルト・レーゲルが見つけた変種は、ふたつ以上の花をつけることはほぼなかったが、その後の発見で、5つあるいは7つの花をつけるものが見つかった。1903年、ファン・トゥベルヘン種苗商の責任者だったヨハネス・ホーフがツリパ・プラエスタンス（きわめて優秀という意味）と命名し、1913年に「ファン・トゥベルヘン種」として売り出された。より大きい緋色の花びらと赤い花糸の花で、「ブハラで採集されたものよりさらに北の地域で咲く。早咲き」と記載されている。[4]

アルベルト・レーゲルはパミール・アライ山脈から父にツリパ・ラナータも送った。球根外皮の内側が毛に覆われていることからそう命名されたが、東方のイスラーム世界では昔からよく知られており、モスクの屋根にも飾られる赤い花だった。一方ヨーロッパでは、イランのタブリーズを本拠に活動していたゲオルグ・エッガー――ファン・トゥベルヘン種苗商の別のプラントハンター――がヨハネス・ホーフに「1929年から1933年にかけてりっぱなツリパ・ラナータを大量に」送るまでは商品にならなかった。[5]

帝政ロシアのトルキスタン総督府の総督だったフォン・カウフマン将軍は、1882年に亡くなるまで、植物採集探検によくアルベルト・レーゲルをともなった。とくに重要な発見のひとつが（1877年にエドゥアルト・レーゲルが将軍の名をつけた）ツリパ・カウフマニアナで、現代のウズベキスタンにあたる天山山脈の西方で発見された。ウォーターリリー・チューリップとして知

ツリパ・カウフマニアナ。キュー王立植物園に咲くウォーターリリー・チューリップ。
ロシア帝国トルキスタン総督フォン・カウフマン将軍にちなんで命名された。

られ、野生種の花色は通常、白、乳白色、黄で、花底部に金色の斑紋がある。ひじょうに優美だが花は大きく、外側の花びらの外面は赤、紫、緑のものがあり、さまざまな色の変種を生みだす可能性を秘めている。ツリパ・カウフマニアナと（1871年にレーゲルがロシア園芸協会長だったグレイグ将軍の名をとった）ツリパ・グレイギーのふたつは、アルベルト・レーゲルの発見のなかでも商業的にもっとも大きな意味を持つものだった。ツリパ・グレイギーも天山山脈に自生し、ツリパ・カウフマニアナと一緒に咲いていることもある。葉に紫の縞や斑点があるのが他のチューリップと大きく異なる特徴で、「レッド・ライディング・フッド」でポピュラーになった。通常は赤い花びらだが、野生種でも黄色や乳白色、あるいは2色があらわれることがある。

ここでも、やはりファン・トゥベルヘン種苗商のヨハネス・ホーフが主導権を握った。タシケントに住むドイツ人プラントハンターのパウル・グレーバーが「ラトヴィアのリガにある園芸協会」経由でヨーロッパのマーケットにツリパ・グレイギーを大量に送ったことを知ると、ホーフはすぐにグレーバーに連絡をとった。「この人物は大草原で球根を集めるのにひじょうに適した人材であり、アルベルト・レーゲルが記録に残した厖大なチューリップを栽培品種にするのに役立つに違いない」と考えたのである。そして、トルキスタンの東の国境まで行ってファン・トゥベルヘン種苗商のために採集活動をおこなうという契約が「一定の金額で」取り交わされた。それと並行してグレーバーの仲間たちも、グレーバーの妻に助けられながら、ツリパ・グレイギーの採集を続けた。[6] やがてグレーバーは野山で球根を掘り起こすことだけに飽き足らず、タシケントで果樹園と種苗商をはじめてそこで球根を繁殖させて売るという、もっと実りのある方法に転じた。

ヨハネス・ホーフのもうひとりの有力なつてだったのが、サマルカンドのホテル経営者ヨーゼフ・ハーバーハウアーである。彼は、農婦たちが丘から集めて市場で売っているチューリップが、今まで見たものよりもずっと大きく色あざやかなことに気がついた（この古い市場での売買が、おそらく、園芸品種誕生のきっかけだと思われる）。ヨハネス・ホーフは、ハーバーハウアーについて「この見事なチューリップ、ツリパ・フォステリアナ（ヨハネス・ホーフがケンブリッジ大学の生理学教授で王立学会のメンバーであるマイケル・フォスター卿にちなんで命名した）は彼のおかげで発見された」と述べている。ホーフは次のように書いた。

> ハーバーハウアーは、1904年にサマルカンド近くの山でこれらを採集し、ファン・トゥベルヘン種苗商に2度、相当量を送ってくれた。不思議なことに、わたしがレッド・エンペラーと呼ぶすばらしい種類は最初に送られてきた荷だけにしか入っていなかった。1914年、ハーバーハウアーはブハラ奥地にわけ入り、きわめてすばらしい球根をたくさん収集した。だが、なんということか、その荷がロシアーオーストリア国境まで到着したとき、戦争がはじまり、荷は失われてしまった[7]。

カウフマニアナ、グレイギー、フォステリアナという見栄えのする3種は、商業用の品種や交配種をたくさん生み出しつつ、それ自身も、遺伝的な特徴によって定義される独立種として残っている。カウフマニアナ系の花は早咲きで、草丈は低く、細長い漏斗状の花弁が星形に開く。花色は乳白色の「アンキラ」や「コンチェルト」、オレンジ色の「アーリー・ハーヴェスト」、赤い「ショウ・ウィナー」などがある。グレイギー系の花は春のさかりに咲き、やはり草丈は短い。花は原種に近く、内側の3枚の花びらがまっすぐ上を向き、外側の3枚は開いて外にカーブしている。カウフマニアナ系より花びらが丸く、葉には紫色の斑点がある（カウフマニアナ系の交配種にもその特徴があるものがある）。もっともよく知られた品種は「レッド・ライディング・フッド」だ。「アリ・ババ」も赤い花である。「スウィート・レディ」は濃いピンク色で、「ケープ・コッド」はオレンジ色。「リトル・ガール」のようなピンクがかったオレンジと乳白色の2色の品種もある。フォステリアナ系は草丈が高く、遅咲きだが、春の中旬に咲くものもある。基本となる色は赤で、「レッド・エンペラー」や「マダム・レフェバー」が代表作だが、そのふたつはもともと同じ株だった。フォステリアナ系の白い花は「ホワイト・プリッシマ」で、これらから2色の「フレーミング・プリッシマ」や「キャンディ・フロス」が生まれた。

エドゥアルトとアルベルト・レーゲル親子はおそらく、こうした園芸品種に自分たちの名前がむすびつけられていないと知ったら、ほっとすることだろう。彼らの名前がついているのは、変わった特徴を持つ野生種のチューリップだけだ。ツリパ・レゲリーは、カザフスタンのバルハシ湖周辺にある岩山の斜面だけに自生し、極端な寒暖差を生き抜いている。幅の広い、青みがかったグレーの葉には、根本から葉先まで、しわのある、尾根のような数本の隆起が走り、他のチューリップと異なる印象があるが、優美な花はビフローラ系のものと似ている。

ツリパ・アルベルティーは天山山脈原産の花だ。アルベルト・レーゲルがタシケント近辺で発見

ツリパ・レゲリー。キュー王立植物園の高山植物コレクションより。サンクトペテルブルクの植物園長で、チューリップの命名を先導したエドゥアルト・レーゲルにちなんで命名された。

した花で、ワインレッドからピンクオレンジ、黄色までさまざまな色に変化する潜在性を持つ。先のとがった花弁が幅広の根元から内側に丸まっていて、外見は菱形をしていて、球根の硬い外皮の内側は密集した剛毛でおおわれている。ツリパ・アイヒレリから名をとったアイヒレリ系に属しており、ツリパ・ラナータ、ツリパ・プラエスタンス、ツリパ・カウフマニアナ、ツリパ・グレイギー、ツリパ・フォステリアナ、ツリパ・トゥベルゲニアナなどと同じ系統だ——ツリパ・トゥベルゲニアナ（*T. tubergeniana*）は、ファン・トゥベルヘン創業一家にちなんでヨハネス・ホーフが名づけたものだ。皮肉なことに、ツリパ・トゥベルゲニアナはのちに、ダニエル・ホール（『ツリパ属』の著者）に「発育の悪い種」と書かれてしまうが、ただ「ひとたび花が咲けば、中央アジアのチューリップの特徴である輝くばかりの光沢が見事である」とただし書きもされている。[8]

　ヨハネス・ホーフの名前にちなんだツリパ・フーギアナもまた、光沢のある赤い花びらを持つ。花底部の斑紋がとても大きく輪状になっていることに加え、花糸と葯《やく》も黒いため、内側の花は花糸と葯までほとんど黒に見える。不屈のパウル・グレーバーがトルクメニスタンで発見した花で、はなやかな外見にもかかわらず、商業的には人気が出なかった。花びらが薄く、張りがなかったせいである。

　レーゲル親子やファン・トゥベルヘン種苗商とつながっていたおそれを知らぬチューリップハンターたちは、先人が夢想だにしなかったほど、チューリップの品種の玉手箱を大きく開けた。けれどもここでもうひとり、彼ら同様固い意志を持った極東の先駆者をあげておこう。フィリップ・フランツ・フォン・シーボルトはオランダ東インド会社に医者として雇われ、１８２３年、当時日本で唯一許可されていたヨーロッパ交易所である出島に派遣された。シーボルトはそこから江戸へ行く使節団に加わっている。やがて5年後に日本国内の地図を持っていたことが発覚して捕らえられ、1年間軟禁状態で取り調べを受けたのち国外に追放された。そんな状況にもかかわらず、シーボルトは日本で集めた重要な植物を出島から持ち出すことに成功した。そのなかには食用チューリップのツリパ・エドゥリス（*T. edulis*）もあった。ツリパ・エドゥリスは、中国、韓国、日本原産で、オランダでは日本名をとってアマナ（amana）［漢字では甘菜］と呼ばれた。シーボルトは、人々は球根を栗のように焼いて食べる、と述べている。アマナは海抜の低い川沿いの草地で育ち、下向きの小ぶりの花は淡い色で、グレーの筋がついている。花びらのすぐ下に薄い、葉のような苞葉《ほうよう》があって、それは他のチューリップにない特徴だ。子房の構造も異なり、染色体は4倍体である。人によっては（ダニエル・ホールもそうだが）この花をチューリップに分類しないが、変異種であることはまちがいない。日本の絵画では、ひじょうに優美な花として描かれ、その効能が筆文字で書き添えられている。

アマナだけが食用のチューリップだったわけではなく（実際、第2次世界大戦中にオランダ人が土のなかに残っていた球根を食べて飢えをしのぐ状況になったときに、栽培用のチューリップが苦くてもじゅうぶん食べられることが証明された）、外皮がひじょうに繊維質でけばだったツリパ・ボルスツォフィー（*T. borszczowii*）もまた、地元の食用のチューリップだった。しかし残念ながら、現地の名前は採用されず、レーゲルは1860年代にトルクメニスタンでこれを採集した植物学者の名前を学名とした。1880年代にジェームズ・アイチソンがこのチューリップをアフガニスタ

食用のチューリップ「ツリパ・ボルスツォフィー」。カザフスタンのキジルコル湖の近くで撮影。

ンのヘラートの近くで見つけたとき、このように記している。

早春、チャスマサブズとティルフルのあいだに広がる平原には、この種類のチューリップが咲きみだれ、さまざまな濃淡のある赤やあざやかな黄色にいろどられる。花底部はどれも濃い紫だ。地元の人々は球根を採集して食べているが、なかなか風味がいい。[9]

アイチソンは植物学者であり、軍医でもあった。インドで仕事をはじめ、1880年代にアフガン国境画定委員会と共同で業務にたずさわっていたときに、辺鄙な場所に自生するツリパ・フミリスなどの野生のチューリップを調査するすばらしい機会を得た。「アネモネそっくりのこの小さなチューリップは、耕作地にとくによく見られる[10]」。ツリパ・フミリスが中東に広く自生し、近縁種のツリパ・プルケッラ、ツリパ・サクサティリス、ツリパ・ベイケリがはるか西のクレタ島でも自生しているということを考えると、やはり、野生のチューリップが広範囲にわたって自生するのは有史以前からの人間の営みに負うところが大きいようだ。

ツリパ・フミリスの学名は、ウィリアム・ハーバート（植物採集をおこなった偉大な種苗商のひとり）によって命名された。ハーバートはハロゲートの近くで園芸にたずさわっており、1838年、イランのテヘラン北部のアルボルズ山脈で採集された球根を入手した。ツリパ・フミリスによく似たツリパ・サクサティリスは、クルシウスや17世紀のヨーロッパの植物学者たちには知られていたが、1880年にコールズボーンのヘンリー・ジョン・エルウィズがクレタ島から再度持ちこまなければならなかった。ツリパ・プルケッラは1877年に「カーティス・ボタニカル・マガジン」に初めて挿絵が掲載され、1932年、ファン・トゥベルヘン種苗商によって広く栽培されるようになった。

ツリパ・ベイケリは、このチューリップをクレタ島で採集し、1895年に王立園芸協会（RHS）で初めて展示した植物学者ジョージ・バーシヴァル・ベイカーの名前にちなんで、ダニエル・ホールが命名した。分類上、これによく似たツリパ・サクサティリスに組みこむべきだと考える者もいるが、厳密にいえば、その逆もしかりである。なぜなら、ツリパ・ベイケリの染色体は2倍体、ツリパ・サクサティリスは3倍体で、染色体の数が多いほうが交雑していることを示すからだ「3倍体の植物は、通常の2倍体と同質4倍体（同種間で交雑して4倍体になったもの）と交雑して生じる」。ツリパ・ベイケリは園芸品種の作出に用いられており、その代表例が原種系チューリップとして知られる可憐な「ライラック・ワンダー」である。

ツリパ・フミリスは、ファン・トゥベルヘン種苗商のプラントハンター、A・クローネンベルクがアゼルバイジャンの山岳地帯から送ったもので、ファン・トゥベルヘンがその栽培種を普及させた。ツリパ・フミリスの花びらはたいてい淡紅色で、花底部の斑紋は黄色、外側花びらの外面は緑灰色をおびる。だが、チューリップ栽培家の情熱はかくも激しく、栽培種の「イースタン・スター」が誕生すると、さらに「マゼンタ・クイーン」「オダリスク」「ペルシアン・パール」という、見た目にはほとんど変わらない3つの品種をつくりだした。

オーストリアの植物学者A・クローネンベルクはおもにシリアを拠点にしていたが、遠くはウズベキスタンのブハラまで足を運んだ。彼が送った収集品にはビフローラ系のツリパ・ポリクローマ、クルシアナ系のツリパ・リニフォニア、光沢のある赤いチューリップのひとつ、ツリパ・アイヒレリがある。彼はさらに、イランのオルミエ湖の北岸で新種のツリパ・ウルミエンシスを採集し、1928年にヨハネス・ホーフがそれを受け取った。ごく小さくて香りがあり、キンポウゲのような黄色で、外側花びらの外面は濃い緑になる。10年後の1938年、ダニエル・ホールは、ある原種にジェームズ・アイチソンの名前にちなんでツリパ・アイチソニーと命名した。それは、アイチソンが採集に訪れたアフガニスタンとカシミールに自生するもので、ツリパ・クルシアナの系列だが、ツリパ・クルシアナとツリパ・リニフォニアのたんなる色違いで、花弁が赤いだけだという専門家もいる。

ツリパ・ホイッタリーも、ダニエル・ホールが熱心な愛好家の名前にちなんで命名した原種だが、これもまた、先に発見されたツリパ・オルファニデア（ペロポネソス半島でこの原種を発見したアテネ大学の植物学教授テオドロス・オルファニデスの名前をとった）に組みこまれるべきものかもしれない。どちらもツリパ・シルウェストリスを銅褐色にしたような花だが、ホイッタリーのほうが大きくて見栄えがいい。ツリパ・ホイッタリーを採集したエドワード・ホイットールもまた、その功績をたたえるべき人物だ。彼はイギリス商人の家庭に生まれ、1809年にトルコのイズミルに一家で移住した。彼がツリパ・ホイッタリーを送ったヘンリー・エルウィズと同様に、ホイットールはチューリップの採集旅行で花に興味を持つようになり、彼の庭はしだいにめずらしい植物で埋めつくされ、とうとう園芸が彼の本業になった。ホイットールは地元の村人たちを植物採集者と

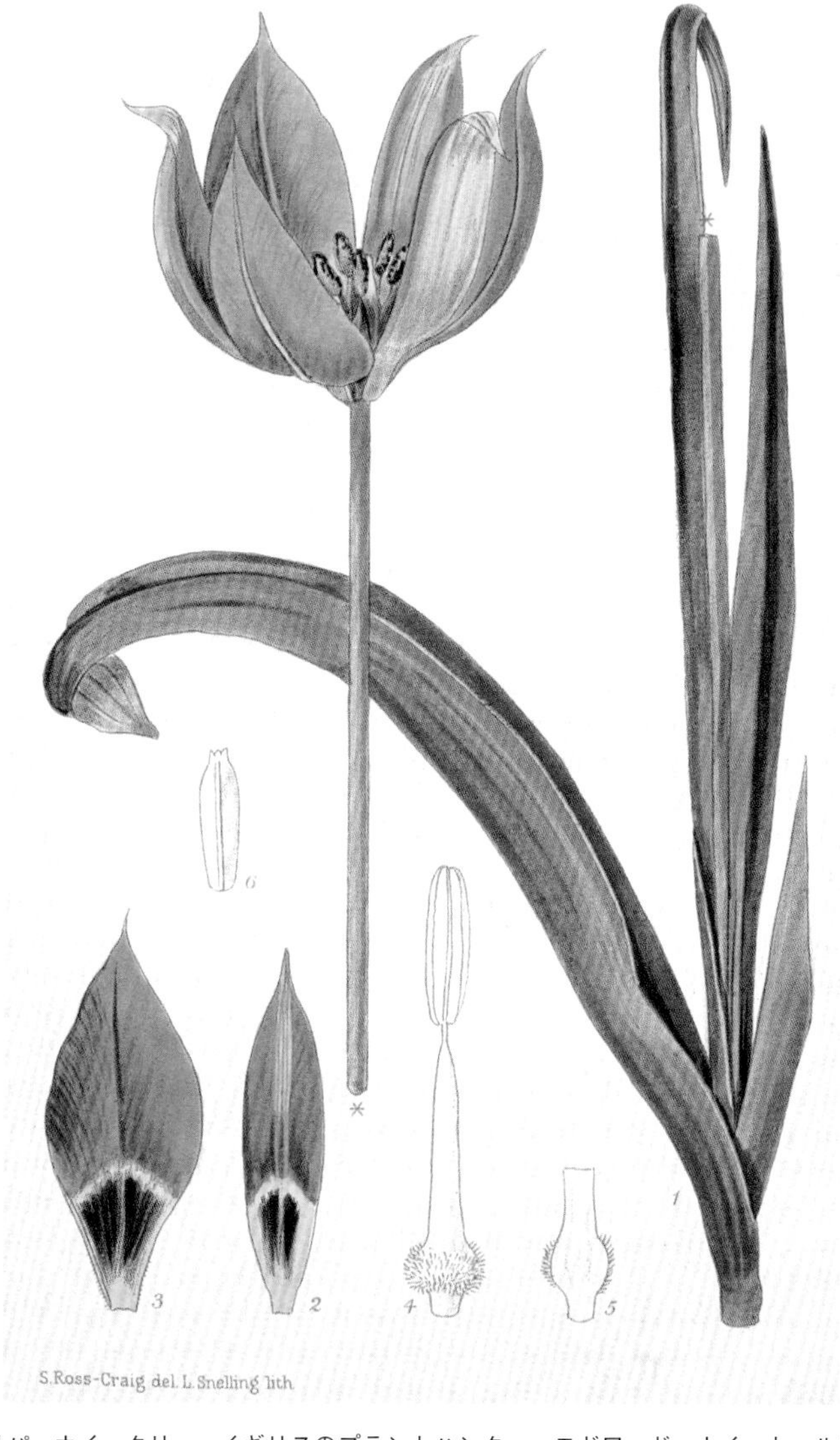

ツリパ・ホイッタリー。イギリスのプラントハンター、エドワード・ホイットールにちなんで命名された。「カーティス・ボタニカル・マガジン」より（1943年）。

して雇った。結局はそれが好結果を生み、余ったぶんをイズミルの近くの山の斜面に移植させた。その結果1900年には、ツリパ・ホイッタリーの大規模な群落ができた。

チューリップ分類学の年代記においてレーゲルとホールとともに忘れてはならないのは、アレクセイ・イワノビッチ・ヴヴェデンスキーだ。ヴヴェデンスキーは1935年に『ソヴィエト連邦の花 *Flora of the USSR*』のチューリップに関する章を執筆している。ロシアは19世紀と20世紀においてもっとも重要なチューリップの採集地だった。刊行以来、この章は改訂されたが削除されてはいない。ツリパ・ヴヴェデンスキーもまた、中央アジアの光沢のある赤いチューリップ（アイヒレリ系）だが、色のバリエーションがある。幅広の花びらの先端は三角形で、やや曲がっており、はためいているように見える。葉の先も波うっている。もっともよく知られている栽培種は「タンジェリン・ビューティ」と「オレンジ・サンセット」だ。

またヴヴェデンスキーは当時ではめずらしく、チューリップの学名に女性の名前をつけた。タシケント植物園とウズベキスタン科学アカデミーで輝かしい経歴を残し、1982年に『中央アジアのチューリップ *Tulips of Central Asia*』に重要な研究論文を発表したゼナイーダ・ボッチャンツェバの名前をとって、新種にツリパ・ゼナイダエ（*T. zenaidae*）と命名したのである。ツリパ・ゼナイダエは天山山脈に自生し、まったく同じではないが、ツリパ・レーマニアナによく似ている。色は赤、オレンジ、または黄色だが、内側の花びらが黄色で、外側の花びらの外面が赤く、赤と黄が交互に見えるタイプがもっとも魅力的だ。ときには黄色の花びらに赤の縦縞の羽状模様がついていたり、縁がギザギザになっていたりして、まるでパーロット系チューリップの遺伝子が天山山脈に

ツリパ・ヴヴェデンスキー。キュー王立植物園の高山植物コレクションより。ロシアの高名な植物学者アレクセイ・イワノビッチ・ヴヴェデンスキーにちなんで命名された。

ツリパ・ゼナイダエ。キルギスタンのメルケ谷のカシュカスウ村に自生。ウズベキスタンの植物学者ゼナイーダ・ボツチャンツェバにちなんで命名された。

ひそんでいたかのように思える。

　この人里離れた谷や山の斜面には、今でも新種や変種のチューリップが見つかるかもしれない。2008年、オランダの調査隊によってレモンイエローのツリパ・レンメルシー（*T. lemmersii*）が発見された。この調査隊の隊長ウィレム・レメルスはオランダのリッセ出身の元チューリップ栽培家で、経験豊かな球根収集家だった。ツリパ・レンメルシーは20世紀に発見された種に分類されており、ツリパ・アルタイカやツリパ・レーマニアナの近縁種にあたる。

　新たな（あるいはわずかに異なる）野生種が次々に発見され、次から次へと学名が誕生していくかたわらで、園芸品種の改良も進んだ。1880年代までは縦縞模様のチューリップがもてはやされたため、単色のチューリップの栽培家たちは自分のチューリップがブレイクすることを願いながら育てていた。品種改良のためにどの野生種をかけあわせたかは、記録に残されていない。唯一、17世紀以降にデュク系と呼ばれた「デュク・ファン・トール」系だけがわかっている。もっとも多く使われたのはツリパ・シュレンキー（ツリパ・スアウェオレンスとも呼ばれる）である。これは一重の早咲き系で草丈は低く、花びらの縁が花色と対照的な色で縁取られるのが特徴だ。とくに赤の黄覆輪（赤に黄の縁取り）が多い。17世紀の花の静物画にもときどき描かれている。ハールレムの種苗商ニコラス・ファン・カンペンは1739年のカタログで、もっとも早咲きのチューリップと称賛しており、12月でも咲かせられるとしている。また、18世紀のロンドンの種苗商ジェームズ・マドックはシュレンキーを切り花にして大いに販売した。しかし19世紀の後半になってチューリップの人気が衰えると、オランダの種苗商E・H・クレラーへがフランスのリールでフランドルのチューリップ愛好家から重要な品種を買い集め、もっとも丈夫な栽培種を選び、ダーウィンという名前に変えた（フランシス・ダーウィン――チャールズ・ダーウィンの息子で、エラスムス・ダーウィンのひ孫――から許可を得た）。

ダーウィン系チューリップは1889年、パリ万国博覧会の会場外で初披露された。パリの空には万博にあわせて建設されたエッフェル塔もそびえ立っていた。一面に咲きみだれるはなやかなチューリップは人々の心をとらえ、1893年5月、「ガーデン」誌はキュー王立植物園の巨大な温室パームハウスの外の花壇にこの新たな交配種のチューリップが大量に植えられたことを伝え、「花の色は考え抜かれて配置されており……王立植物園で光彩を放っている」と記した。

クレラーへに触発されて、イギリスのふたりの種苗商ピーター・バー（同じ名前の父と息子）も国内の愛好家からチューリップを買い集め、栽培種を選別し、昔ながらの庭にぴったりというキャ

カミーユ・ピサロ『キューガーデンの大温室前』1892年、油彩、カンヴァス。

ッチコピーで売り出した。それがコテージ・チューリップである。とくにすばらしい品種のひとつは、アイルランドの庭にあった球根で、かつてウィリアム3世とジェームズ2世が激突したボイン川の戦い（1690年）のあと、その地に定住したフランスのユグノーが持ちこんだものだった。またピーター・バーはワイト島を訪れた際に、カリスブルック城近くの小さな庭で、紫と茶色の「トリークル（糖蜜）・チューリップ」が咲きみだれているのを発見した。

全体として、アジアから新たに入ってきた品種は一般市場向きではなかったが、ツリパ・フォステリアナをはじめとする一部の野生種は、20世紀の栽培種に貴重な新しい遺伝子をもたらした。実際のところ、新品種の育成は細心の交配、忍耐のいる選定を繰り返す地道な作業だった。商業的な成功をおさめることでしか、無数の失敗は報われなかった。オランダはつねにこの分野をリードしていたが、イギリスとの競争はビジネスによい影響をおよぼした。結局、ピーター・バーはオランダのチューリップには勝てないと気づき、自分のリストにオランダのチューリップを加えた。なかでも有名なのは、1907年に取り入れたオランダ産の「センセーション」だ。それまでのパーロット系はすべて赤と黄のビザルデン系だったが、「センセーション」はパーロット系初の紫と白だった。

チューリップが国内で取引される花の最大のシェアを占めていたアメリカでは、ヨーロッパで流行する前から、チューリップを花壇にぎっしり植えるスタイルを取り入れていた。たとえば、1845年の春にはニューヨークの公立公園に600のチューリップが植えられた。1849年には、オランダの種苗商ファン・デル・スフートが球根の販売員をアメリカに初めて派遣した。その販売員は東海岸の主要な都市と庭園を訪れ、競合者よりも球根を安く売ることを申し出た。E・H・クレラーへの代理人であるフィラデルフィアの種苗商ヘンリー・ドレアーはその事実をクレラーへに報告したが、その後もクレラーへとの取引を続けた。

アメリカの栽培者はチューリップ生産におけるオランダの優位性を覆すことはできなかった。オランダ産チューリップの輸入量は20世紀を通じて右肩上がりに上昇し続けたが、オランダがアメリカ産の小麦粉を輸入することで輸出入のバランスはとれた。そして、第二次世界大戦が勃発してヨーロッパ市場が急落すると、オランダ産のチューリップはアメリカ産の銃器と取引されるようになった。20世紀初頭以降、オランダの新しい花壇用球根は、気候が合う世界中の大陸の栽培家向けに輸出された。その範囲はヨーロッパやトルコだけでなく、温帯に属するチリ、オーストラリア、ニュージーランド、南アフリカ、そして日本（稲作とチューリップの球根生産の輪作が可能だった）

クロード・モネ『ライデン近くのチューリップ畑』1886年、油彩、カンヴァス。

にまでおよんだ。

オランダのチューリップ畑は、エドワード朝時代から訪れる人を魅了してきた。色とりどりの細長い帯がパッチワーク状に連なり、花壇のチューリップの美しさになじんだ人々の目を楽しませる。しかし、「目に飛びこんでくる美の衝撃」にさほど興味を持たない人々はファン・トゥベルヘン種苗商の新種のチューリップに目を向けた。イギリスで強い影響力を持つ園芸デザイナー、ウィリアム・ロビンソンはより自然に近い庭づくりを強く提唱し、伝統的なコテージ・ガーデニングの主導者ガートルード・ジェキルは、新種のチューリップの色彩を絵画的に用いる立場を保った。ジェキルのスタイルの特徴は灰色の葉とパステルカラーの陰影を重視するものだったが、彼女はまた、たくみなコントラストによって

上空から撮影したオランダのチューリップ畑

劇的な効果を生んだ。黒紫のチューリップと深紅のチューリップの組み合わせは息をのむほどすばらしかった。ときにはさまざまな色調の赤や、黄色から燃え立つようなオレンジ色まで、濃淡を主体にする場合もあった。

チューリップはさまざまに演出できる。区画ごとに色分けすることもできれば――オランダのキューケンホフ公園にぎっしりと植わったチューリップのはなやかさがその最たる例だ――いろいろな春の花と一緒に植えて、芸術性と園芸の組みあわせを開拓することもできる。重要なのはタイミングであり、園芸用のガーデン・チューリップは花が咲く時期によって分類されている[11]［左記の説明では、花被片はわかりやすく「花弁」としている］。

1　一重早咲き系――草丈は低く、花はカップ状。3月下旬から4月上旬に開花する。古いデュク・ファン・トール系がここにはいる。「オレンジ・フレア」「アプリコット・ビューティ」「キャンディ・プリンス」「ケープタウン（黄に赤の羽状模様）」「ダイアナ（白）」など。

2　八重早咲き系――草丈は低く、花は八重のシャクヤク様。4月に開花する。「ヴェローナ（乳白色）」「モンテカルロ（黄）」「パウル・ルーベンス（濃いピンク）」など。ダニエル・ホールは八重咲きを欠陥とみなしていたらしく、「ずんぐりむっくりしてけばけばしく、ロココ様式を好む人にはうけるだろう」と述べた。[12]

3　トライアンフ系――中生グループで4月後半から5月に開花する。草姿は中から大形。花色は豊富で、もっとも品種が多い。一重早咲き系とダーウィン系（晩咲系）の交配によってできた系統。2色の花も多い。「ガボタ（濃赤に黄の覆輪）」「シャーリー（白がピンク味のある紫に変わる）」「アラビアン・ミステリー（紫に白の覆輪）」「クルー・カーディナル（濃い赤紫に緋色の覆輪）」「プリンセス・イレーネ（オレンジに紫の刷毛込み模様）」など。美しい単色系もあり、「ブラウンシュガー」「ハフラン」はかなり黒に近い。

4　ダーウィン・ハイブリッド系――中生グループ。草丈はもっとも高く、花はカップ状。光沢のある色あざやかな花弁を持つ。親のツリパ・フォステリアナの性質を受け継ぎ、大形で生命力が強く、数年にわたって咲くこともある（ほとんどのチューリップは毎年球根の掘り上げが必要）。古典的な品種は「レッド・アペルドーン」「イエロー・アペルドーン」「アーペルドールンとも表記される」。花色が白い「アイボリー・フロラーデル」「ホワイトクラウズ」、黄や赤、オレンジの模様があざやかな「オリンピック・フレーム」「アメリカン・ドリーム」な

「モネの庭園」に咲くチューリップ。ノルマンディ地方ジベルニー、フランス。

ドーラ・キャリントン『スタッフォードシャーの水差しのチューリップ』20世紀前半、油彩、カンヴァス。

どがある。

開花期が4月下旬から5月上旬の遅咲き系は以下のグループに分けられる。

5 ユリ咲き系──花弁は一部の野生種のように細くとがり、外側にそりかえるが、草姿はずっと大きい。20世紀なかばにダーウィン系とコテージ・チューリップを交配して作出された。「メルロー」「太陽にかざしたワイングラス」「ホワイト・トライアンファター」「チャイナ・ピンク」「バレリーナ（オレンジ）」「アラジン（赤に乳白色の縁取り）」など。

6 ビリディフローラ系──花色は豊富だが、花弁中央に緑色の縦縞がはいるのが特徴。花弁はややとがっている。乳白色に緑が映える「スプリング・グリーン」がもっとも可憐で美しい。

7 フリンジ咲き系──花弁の周縁に細かい切れ込みがはいる。ピンク系の「タリタ」「ルーヴル」「ファンシー・フリル」や「ハネムーン（白）」「カナスタ（赤に白の縁取り）」のほか、黒紫の「キューバン・ナイト」、それよりも色が濃い「ブラック・ジュエル」などがある。

8 パーロット系──花弁の周縁の切れ込みは深くて荒く、フリル状に波うつ。「アプリコット・パーロット」「ブルー・パーロット（藤色）」「ブラック・パーロット（濃いえんじ色）」「スーパー・パーロット（白）」「ブライト・パーロット（赤と黄）」「パーロット・レディ（乳白色とサンゴ色）」のほか、赤、紫、黄、緑が混ざった「ロココ」、ピンクと緑の「グリーン・

フリンジ咲きのチューリップ。現代の品種改良で生まれた変わり種のひとつ。

ウェーブ」など。五月下旬まで咲く。

9　一重遅咲き系――ダーウィン系とコテージ・チューリップの交配。あらゆる花色がそろっており、対照的な色合いの多種多様な刷毛目模様がある。黒に近い品種としてはもっともポピュラーな「クイーン・オブ・ナイト」や「ブラック・スワン」、オレンジにローズピンクの刷毛込みの「ドルドーニュ」、白にピンクの刷毛込みの「ソルベ」などがある。

10　八重遅咲き系――草丈は高く、花弁は八重早咲き系やパーロット系よりも整然としており、ボタン咲き系チューリップとも呼ばれる。「オレンジ・プリンセス」「レッド・プリンセス（プリンセス・イレーネの変種）」「アンクル・トム（えび茶色）」などがある。

多くの人にとって、チューリップは春の到来を告げる使者であり、それがチューリップの魅力となっている。だが詩人はあまり好きではないらしい――イタリアにいた頃のロバート・ブラウニングは野生のチューリップを「まるであえかに澄んだ血の泡のよう」と表現し、シルヴィア・プラスは病院のベッドで花のあざやかさにあらがった。「チューリップは興奮しすぎる、ここはいま冬なのに」[13]。一方、画家はチューリップの創造への誘いにはるかに敏感だ。抽象絵画の創始者のひとりであるモンドリアンが、無彩色の白と三原色の赤・青・黄の四角形による表現に到達したのは、母国オランダのチューリップ畑が発想の源とさえいわれている。ゴブレット状のチューリップは、それが丸いものであれ細長いものであれ、美術や工芸のデザイナーたちに霊感を与えた。装飾美術を日常生活に生かすことを提唱した美術工芸運動（アーツ・アンド・クラフツ運動）の主導者ウィリ

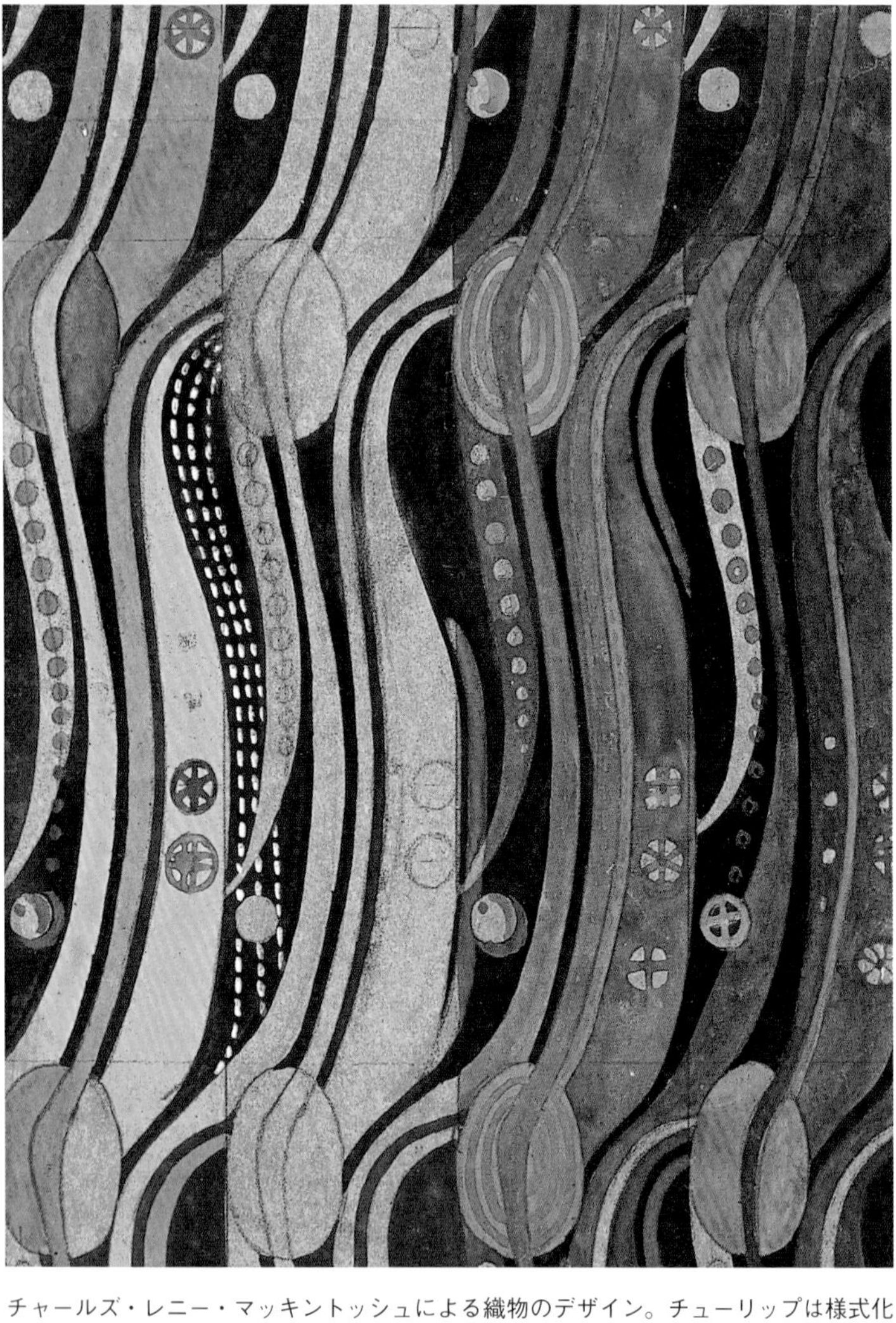

チャールズ・レニー・マッキントッシュによる織物のデザイン。チューリップは様式化されている（1915～23年）

アム・モリスの花柄から、アール・ヌーボーやアール・デコのモチーフまで幅広く使われた。独自のアール・ヌーボー様式を確立したチャールズ・レニー・マッキントッシュのチューリップがよい例だろう。

絵画の分野では、「チューリップのある花瓶の花」の主題は過去の巨匠たちが確立した画風から解き放たれ、ダンカン・グラント（セザンヌやマチスの系譜に連なる）は、渦巻く織物模様を背景に赤いパーロット系チューリップを描いた。また、ドーラ・キャリントンは、スタッフォードシャーの陶製水差しにチューリップを生けた。画面には水差しのきれいな柄も克明に描かれ、チューリップは対称性を気にすることなく、自由にのびのびと息づいている。画家で美術学校の運営をしたセドリック・モリスは熱心な植物収集家でもあり、イギリス東部サフォーク州のベントンエンドにある自邸の庭園に収集した野生種のチューリップなどの植物を植えて、その豊かな自然庭園を絵の題材にした。エリザベス・ブラックアダーはチューリップの花びらの輝きを写しとりながらも、花の持つ本質的な繊細さをとらえている。さて、最後は気鋭の現代画家ゴードン・チャンの作品で締めくくろう。チャンの絵でチューリップの物語は完全な円となる。過去に人々を熱狂させた歴史的な縦縞模様のチューリップは、フィナンシャルタイムズ紙の株価欄を背景に、誇らかに屹立している。アジアにルーツを持つ画家自身が、西洋が東方世界からいかに貴重なものを得たかを思いださせてくれると同時に、彼の描くチューリップは人間の渇望にひそむスリルと危険、そしてチューリップはいつの時代も、いかなる場所でも、そのシンボルなのだということを思いださせる。

ウィリアム・ニコルソン『ローストフト陶器のボウル』1911年、油彩、カンヴァス。

ゴードン・チャン『チューリップマニア8』2012年、手書きと印刷。

謝辞

チューリップ野生種の写真を快く提供してくれたダイアナ・エヴァレットとリチャード・ウィルフォードに心より感謝する。エヴァレットは中央アジアの辺境に咲く花々の、ウィルフォードはキュー王立植物園の高山植物コレクションの写真を寄せてくれた。ふたりとも野生種に関する現代の知見を述べた著作を刊行しており、それなくして本書は完成しなかっただろう。アンナ・パヴォードの大作『チューリップ——ヨーロッパを狂わせた花の歴史』にも同じように助けられた。それは巨人に支えられて立っているようなものであった。また、ジェームズ・エイカーズとウェイクフィールドおよび北イングランド・チューリップ協会の皆様にお礼を申し上げる。最初にチューリップの世界にいざなってくれたのは彼らであり、それから長年にわたって友情をはぐくんできた。彼らから、どれほど多くの助言や球根を与えてもらったことだろう。本書に収められているすばらしい図版の何点かは、モーリス・エヴァンズ所有のものである。調査と資料の収集では、とくにキュー王立植物園の植物標本図書館に助けられた。司書の方々の惜しみない助力に感謝する。最後になったが、夫の忍耐とすばらしい協力がなければ、あらゆる面でもっと困難になっていただろう。友人のクリス・モーレイ＝スミスは、混沌をきわめるチューリップ自生地の地図の草稿を作成してくれた。ふたりとも、ほんとうにありがとう。

訳者あとがき

　チューリップは日本人にとっても親しい「春の花」だ。寒い冬が過ぎてやわらかな陽光があたりに満ちる頃、公園や家々の花壇に色とりどりのチューリップが咲きはじめ、道行く人の目を楽しませてくれる。NHK放送文化研究所世論調査部編『日本人の好きなもの――データで読む嗜好と価値観』（日本放送出版協会／2008年）によると、花の部門でチューリップは桜に次いで堂々の2位になっている。そういえばわたしの友人に、自分の知らない花はなんでもかんでも「チューリップ」にして女子連の顰蹙《ひんしゅく》をかっている男がいた。ウケねらいのところもあったのだろうが、彼の脳内に「花といえばチューリップ」という図式ができていたのはまちがいない。それはそうだろう、おそらく大多数の人にとって――ある年代までかもしれないが――最初におぼえた花の歌は童謡の「チューリップ」であり、お絵かきの時間に書いた花の絵はチューリップだったろうから。子供時代の記憶はかくも強い。

　だがもちろん、チューリップの花は赤白黄色だけではないのである。本書『花と木の図書館　チューリップの文化誌』*Tulip*（イギリスの Reaktion Books が刊行する Botanical Series の一冊）は、この花がたどってきたはるかな旅路、人間の営みや国家とのかかわり、人々がそそいだ愛と情熱をひもといてゆく。各章ごとにチューリップの側面が浮かびあがり、しだいに立体的な像をむすんで、読後は一輪のチューリップの背後に広がる壮大な空間、波瀾万丈の歴史、無数の花姿（と名前）に圧倒されるような思いがするだろう。

チューリップの故郷は中央アジアの山岳地帯から中東にまたがる地域だ。そこには今も野生種が咲き、風に揺れているに違いない。チューリップの祖先は何万年前に誕生したのだろうか。やがてシルクロード――遠い昔の「勅勒《ちょくろく》の歌」に「天は蒼蒼《そうそう》　野は茫茫《ぼうぼう》　風吹き草低《た》れて　牛羊見《ぎゅうようあら》わる」とうたわれた世界から延々と西へ続く道――を通ってペルシアやトルコにたどり着き、「ラーレ」と呼ばれ、壮麗なチューリップ文化を築く。そしてトルコでヨーロッパ人と出会い、輸入されたあと、有名なチューリップ狂時代をオランダで引き起こす。その史上初といわれるバブル経済事件だけでなく、チューリップはつねに各国の悲喜こもごもの歴史とともにあり、不屈の探究心と真摯な研究心に支えられながら、現在の身近な花になっていったのである。

本書には数多くのカラー図版が掲載されている。多種多様な野生種の写真をはじめ、トルコの絵画やタイル、オランダ黄金時代の絵画や風刺画、チューリップ狂時代に人々を夢中にさせた縦縞模様のチューリップの水彩画、現代美術など、眺めているだけでも楽しい。著者のシーリア・フィッシャーは美術を専門とするだけあって、こうした絵画に関する記述は本書の読みどころのひとつだ。とくに花の静物画の変遷のくだりは、すとんと胸に落ちるのではないだろうか。

日本では富山県と新潟県がチューリップ栽培の拠点となっており、新品種の育成もさかんにおこなわれている。原種系チューリップの人気も高まってきた。なんと「冬咲き」のチューリップというのもあるという。本書の読後、緑の指を持っている人もそうでない人も、新たにチューリップの球根を植えて育ててみようと思ってくださったら、あるいはチューリップを目にとめたとき立ち止まって花をじっくり眺めていただけたら、それにまさる喜びはない。

本書中の詩や引用には邦訳も数多いが、すべて私訳とさせていただいた。またラテン語、オランダ語、フランス語等の固有名詞も多数登場する。可能なかぎり資料にあたり、辞書を読み（ときにはにらみ）、ネイティブに発音してもらうなどして正確な表記を心がけたが、まちがいもあろうかと思う。ご指摘いただければ幸いである。

訳出にあたっては多くの方々のご協力を得た。とくに原書房の中村剛さんにはたいへんお世話になった。この場をお借りしてすべての皆様に心より感謝を申し上げる。

2020年11月

駒木　令

写真ならびに図版への謝辞

著者と出版者より，図版の提供と掲載を許可してくれた関係者にお礼を申し上げる。

Alamy: p. 153 (Peter Horree); Sebastian Ballard (cartographer): pp. 4-5; Pat Bishop: p. 221; © The Trustees of the British Museum, London: p. 57; Colourblends: p. 79 (Eric Breed); Diana Everett: pp. 8, 9, 16, 21, 22, 23, 32, 33, 230, 237, 244; Celia Fisher: pp. 25, 178, 251, 254; Courtesy Gordon Cheung and Alan Cristea Gallery, London: p. 259; National Portrait Gallery, London: p. 164; Shutterstock: p. 249 (R.A.R. de Bruijn Holding BV); Victoria and Albert Museum, London: pp. 156 (bottom), 158, 191, 217; Wakefield and North of England Tulip Society/Maurice Evans Archive: pp. 210, 211, 214, 219; Richard Wilford: pp. 13, 28, 92, 234, 243.

1997)
Wilford, Richard, *Tulips: Species and Hybrids for the Gardener* (London, 2006)
——, *The Plant Lover's Guide to Tulips* (London, 2015)

参考文献

Atasoy, Nurhan, *A Garden for the Sultan: Gardens and Flowers in Ottoman Culture* (Istanbul, 2002)

Blunt, Wilfrid, *Tulipomania* (London, 1950)

Dash, Mike, *Tulipomania* (London, 1999) [マイク・ダッシュ『チューリップ・バブル——人間を狂わせた花の物語』明石三世訳/文藝春秋/2000年]

Duthie, Ruth, *Florists' Flowers and Societies* (Aylesbury, 1988)

Egmond, Florike, *The World of Carolus Clusius* (London, 2010)

Everett, Diana, *The Genus Tulipa* (London, 2013)

Goes, Andre van der, *Tulipomanie: die tulipe in der kunst des 16 und 17 jahrhunderts* (Dresden, 2004)

Goldgar, Anne, *Tulipmania: Money, Honour and Knowledge in the Dutch Golden Age* (London, 2008)

Hall, A. D., *The Book of the Tulip* (London, 1929), *The Genus Tulipa* (London, 1940)

Pavord, Anna, *The Tulip* (London, 1999) [アンナ・パヴォード『チューリップ——ヨーロッパを狂わせた花の歴史』白幡節子訳/大修館書店/2001年]

Rogers, J. M., and Ward, R. M., *Suleyman the Magnificent* (London, 1988)

Roding, Michiel, and Theunissen, Hans, eds, *The Tulip: A Symbol of Two Nations* (Utrecht and Istanbul, 1993)

Schama, Simon, *The Embarrassment of Riches* (London, 1991)

Segal, Sam, Flowers and Nature: Netherlandish Flower Painting of Four Centuries (Osaka, Tokyo and Sydney, 1990) [サム・セガール『花の系譜——オランダ絵画の400年：ブリューゲルからゴッホ、モンドリアンまで』(1990年に大阪，東京，シドニーで開催された展覧会図録) 小林頼子訳・日本語版監修/ハインク・インターナショナル B.V./1990年]

——, *Tulips by Anthony Claesz.* (Maastricht, 1987)

——, *Tulips Portrayed* (Lisse and Amsterdam, 1992)

Taylor, Paul, *Dutch Flower Painting, 1600-1720* (New Haven, ct, and London, 1995)、*Dutch Flower Painting, 1600-1750* (London, 1996)

Wakefield and North of England Tulip Society, *The English Florists' Tulip* (Wakefield,

	プを発表する。
1889年	パリ万国博覧会でE・H・クレラーへのチューリップ花壇の展示が注目を集める。
1890年代	オランダのファン・トゥベルヘン種苗商のヨハネス・ホーフ（1865-1950）が、チューリップの新園芸品種作出のために野生種採集と品種改良に力を入れる。
1893年	キュー王立植物園（キューガーデン）の大温室パームハウスの外の花壇に新品種のチューリップが植えられる。
1928年	ドロシー・ケイレーが学術誌「応用生物学年報」にチューリップのブレイクの原因がウイルスであることを初めて発表。
1929年	A・ダニエル・ホールが『チューリップの本』を出版。1940年に『ツリパ属』を出版。
1935年	アレクセイ・イワノヴィッチ・ヴヴェデンスキーが『ソヴィエト連邦の植物相』を出版。
1999年	アンナ・パヴォードが『チューリップ——ヨーロッパを狂わせた花の歴史』を出版。
2014年	現代美術家ゴードン・チャンが『チューリップマニア』シリーズを発表。

1710年	ジョセフ・アディソンとリチャード・スティールが「タトラー」誌でチューリップを風刺する。
1720年代	ヤン・ファン・ハイスム（1682-1749）がバロック時代の花の静物画を描く。
1726年	トルコでは、メフメト・エフェンディが『イブラヒムのチューリップ栽培家』を制作。アフメト3世時代（1708-70年）に大流行した「オスマン帝国の針状チューリップ」を記載する。
1730年	『カールスルーエのチューリップ花譜』が出版される。ゲオルク・エーレット（1708-70）の初期のチューリップ画もはいっている。
1735年	リンネウス（1707-78）が雌雄別の特徴で植物を分類した『自然の体系』を出版する。1758年に改訂。1753年に『植物の種誌』出版。
1761年	マシュー・ボールトンがバーミンガムに市民農園を提供。市民のあいだで野菜作りなどがはやる。チューリップも栽培された。
1789年	エラズマス・ダーウィンがリンネウスの著作を英語に翻訳し、分類法の詩『植物の愛』で世に広めた。
1799-1807年	ロバート・ソーントンが『フローラの神殿』を出版。
1802-16年	P・J・ルドゥーテが『ユリ科植物図譜』を出版。
1835年	ウェイクフィールドおよび北イングランド・チューリップ協会設立。
1840年代	アメリカで花壇いっぱいにチューリップを植えた公共の公園が登場する。
1847年	ハーディー博士が「ミッドランドのフロリスト」誌に完璧なチューリップの基準を発表。フロリストから「ハーディーの法則」と呼ばれるようになる。
1849年	イギリスで全国チューリップ協会が設立され、フロリストのチューリップが全盛となる。トム・ストアーなどの労働者や、サム・バーローのような実業家も参加した。
1854年	アレクサンドル・デュマが『黒いチューリップ』を出版。
1855年	エドゥアルト・レーゲルがサンクトペテルブルクに移り、1875年に帝立植物園の園長になる。息子アルベルト等の調査旅行を通じてチューリップ採集と命名の分野を牽引する。
1886年	クロード・モネが『ライデン近くのチューリップ畑』を描く。オランダのE・H・クレラーへ種苗商がダーウィン系チューリッ

リップの静物画を描く。ボスハールト1世は1605年、ヤン・ブリューゲル1世は1605年と1606年の年記が初となる。

1613年	バシリウス・ベスラーがドイツ初の名花選『アイヒシュテットの庭園』を出版。
1614年	クリスペイン・ファン・デ・パッセが種苗商用の美しいカタログ『花の庭園』を出版。
1620年	ムガル帝国第4代皇帝ジャハーンギールがカシミールのチューリップについて記述する。宮廷画家のウスタード・マンスールが絵を1枚描く。
1637年	チューリップ狂時代が最高潮を迎えたのち、オランダ市場で相場が暴落する。
1642年	アドリアーン・ファン・デル・ドンクが、初期のニューアムステルダム入植者のチューリップ栽培について記述する。
1650年	アレクサンダー・マーシャルがサリー州のハム・ハウスで花の絵を描く（記録上の初出）。その後、マーシャルの絵はジョン・トラデスカント2世やジョン・イヴリンらにつながっていく。
1650年代	ヤン・ダフィッツゾーン・デ・ヘームが花の静物画の制作をはじめる。
1654-74年	ヨハン・ヴァルターがドイツの名花選『イトシュタイン庭園植物誌』を描く。
1664年	ニコラ・ロベール（1614-85）がルイ14世の宮廷画家に任命される。ロベールがそれ以前にオルレアン公ガストンの名花選に描いた絵が、現在ケンブリッジのフィッツウイリアム美術館に保管されている。
1665年	ジョン・レイが『フローラ、セレス、ポモナ』を出版し、数百種類のチューリップを一覧にする。
1675-80年	マリア・ジビーラ・メーリアンが『新しい花の本』を出版。
1682年	サミュエル・ギルバートが『フロリストのハンドブック』で初めて「フロリスト」という言葉を本のタイトルに使う（フロリストの祭りは、記録によると1631年ノリッジで開催されたのが初、ロンドンは1677年が初）。
1688年	オランダ君主のウィリアムとメアリがイングランド、スコットランド、アイルランドの王になる。チューリップの流行と造園にはずみがつく。

チューリップ年表

1070年頃	セルジューク朝トルコがアナトリア東部の征服を開始。チューリップ模様の陶製タイルが初めて作成される。ペルシアの詩人ウマル・ハイヤーム（1048-1131）が、チューリップが出てくる史上初の文学となる四行詩『ルバイヤート』の創作に着手。
1180年頃	ペルシアの詩人ニザーミー（1141頃-1209）が叙事詩『ホスローとシーリーン』を書く。ニザーミーはチューリップと愛をむすびつけた。
1453年	征服王メフメト2世がコンスタンティノープルを征服し、新都イスタンブルにチューリップの庭園をつくる。
1504年	インドのムガル帝国の初代皇帝バーブル（1483-1530）がカーブル征服を開始。チューリップの庭園をつくる。
1520-66年	スレイマン大帝の治世。トルコ芸術においてチューリップのモチーフ使いがピークを迎える。
1553年	ヨーロッパから初めてトルコを訪れたピエール・ブロンが、チューリップを「赤いユリ」と表現する。
1554年	オジエ・ブスベックがウィーン大使としてトルコに赴任。のちに、ヨーロッパに初めてチューリップを導入し命名した人物という主張を確立する。
1559年	植物学者コンラート・ゲスナーがアウクスブルクの庭に咲くチューリップについて、挿絵入りの論文を発表。ヨーロッパで初めての記録となる。
1560-70年	植物学者のマッティオリ、フックス、ドドゥンス、ロベリウス、クルシウスらが書簡や出版物でチューリップについて言及。
1597年	ジョン・ジェラードが『本草書』でイギリスのチューリップについて記述。ジェームス・ガレットを導入者とする。ジョン・パーキンソンも『楽園』（1629）でそれにならう。
1601年	クルシウスが本格的な植物学書『稀産植物誌』でチューリップについて詳述。以前に出版した『稀産植物小誌』（1576）では補遺に記載していた。
1603年	ルーラント・サーフェリーが初めて年記（製作年）入りのチュー

注

第1章　野生のチューリップ

1　Edward Schafer, *The Golden Peaches of Samarkand* (Berkeley and Los Angeles, CA, 1963), pp. 58 and 117.［エドワード・シェーファー『サマルカンドの金の桃――唐代の異国文物の研究』伊原弘監修／吉田真弓訳／勉誠出版／2007年］
2　A. I. Vvedensky, '*Tulipa*' [1935], in V. L. Komarov, ed., *Flora of the ussr*, vol. IV [Eng. edn 1968] (Leningrad, 1968), pp. 246-80.
3　John Parkinson, *Paradisi in sole, paradisus terrestris* (London, 1629), p. 52.
4　*Curtis's Botanical Magazine*, 839 (1805).
5　Anna Pavord, *The Tulip* (London, 1999), p. 312.［アンナ・パヴォード『チューリップ――ヨーロッパを狂わせた花の歴史』白幡節子訳／大修館書店／2001年］
6　A. Daniel Hall, *The Genus Tulipa* (London, 1940): Pavord, *The Tulip* p. 312.［前掲］より引用。
7　Pavord, *The Tulip*, p. 314.［前掲］
8　B. Gilliat-Smith, correspondence 1927: Pavord, *The Tulip* pp.334-5［前掲］より引用。
9　Pavord, *Tulip*, p. 1.［前掲］
10　Diana Everett, *The Genus Tulipa* (London, 2013), p. 4.
11　Richard Wilford, *Tulips: Species and Hybrids for the Gardener* (London, 2006), p. 12 (it is from Wilford, Everett and Pavord that this chapter's summary of tulip species has been compiled).

第2章　トルコのチューリップ

1　*Babur-Nama* (*Memoirs of Babur*), trans. A. S. Beveridge (London, 1922), p. xx［バーブル『バーブル・ナーマ――ムガル帝国創設者の回想録（全3巻）』間野英二訳／平凡社／2014～15年］; and *Tuzuk-i-Jahangir* (Memoirs of Jahangir), trans. A. Rogers and H. Beveridge (London, 1978); also quoted in Anna Pavord, *The Tulip* (London, 1999), p. 38.［前掲］
2　*Poems from the Divan of Hafiz*, trans. Gertrude Bell (London, 1897), p. xx［ハー

フィズ『ハーフィズ詩集』黒柳恒男訳／平凡社／ 1976年]; also quoted in Wilfred Blunt, *Tulipomania* (London, 1950), p. 22. For the legend of Farhad see also Michiel Roding and Hans Theunissen, eds, *The Tulip: A Symbol of Two Nations* (Utrecht/Istanbul, 1993), p. 5.

3 Noel Malcolm, *Kosovo: A Short History* (London, 1998), p. 58.

4 *Poems from the Divan of Hafiz* [前掲]

5 *Rubaiyat of Omar Khayyam*, trans. Edward Fitzgerald (London, 1859–89), verse 43. [オマル・カイヤーム『ルバイヤート集成』矢野峰人訳／国書刊行会／2005年]

6 Philip Mansel, *Constantinople: City of the World's Desire* (London, 1995); quoted in Mike Dash, *Tulipomania* (London, 1999), p. 19.[マイク・ダッシュ『チューリップ・バブル——人間を狂わせた花の物語』明石三世訳／文藝春秋／2000年] より引用。

7 P. H. Davies, ed., *Flora of Turkey and the East Aegean Islands* (Edinburgh, 1966-85), Chapter Two, note 7; and vol. X (1988), supplement 1.

8 J. M. Rogers and R. M. Ward, *Suleyman the Magnificent* (London, 1988), p. 166.

9 Ibid., p. 186.

10 Ibid., p. 85.

11 Pierre Belon, *Les Observations de plusieurs singularités et choses mémorables* (Paris, 1555), Pavord, *The Tulip* p.35. [前掲] より引用。

12 Philippe Fresne-Canaye, *Le Voyage du Levant*, trans. Henri Hauser (Ferrières, 1986), quoted in Nurhan Atasoy, *A Garden for the Sultan* (Istanbul, 2002), pp. 46 and 97.

13 George Sandys, *The Relation of a Journey Begun an. Dom. 1610* (London, 1615), Pavord, *The Tulip* p.36. [前掲] より引用。

14 *The Travels of Peter Mundy, 1608-28*, mss. British Museum, London and Bodleian Library, Oxford. See also R. Carnac, ed., *The Travels of Peter Mundy*, 4 vols (London, 1907-24). The comment on tulips is quoted in A. D. Hall, *The Book of the Tulip* (London, 1929), p. 37.

15 Robert Dankoff, *An Ottoman Traveller: The Travels of Evliya Celebi* (London, 2010), p. 21.

16 *The Diary of Dr Bennetti* (1680), Pavord, *The Tulip* p.45. [前掲] より引用。

17 Seyh Mehmed, Mizami 'L-Ezhar, *The Manual of Flowers*, quoted in Roding and

Theunissen, *Tulip*, p. 53.
18 The French ambassador, M. d'Andresel, was originally quoted in Le Perè d'Ardène, *Traite des Tulipes* (Avignon, 1760), and in Blunt, *Tulipomania*, p. 27.

第3章　ヨーロッパへの上陸

1 Richard Wilford, *Tulips: Species and Hybrids for the Gardener* (London, 2006), p. 72.
2 Valerius Cordus, *Annotationes in Pedacii* (Strasbourg, 1561) and in facsimile as Conradi Gesneri, *Historia plantarum*, ed. H. Zoller and M. Steinmann (Zurich, 1987 and 1991); Pavord, *The Tulip* p.63.［前掲］にも引用されている。
3 前掲書および Pavord, *The Tulip* p.67.［前掲］より引用。
4 Pier Andrea Mattioli, *Commentarii in sex libros Pedacii Dioscorides* (Venice, 1565) and Rembert Dodoens, *Florum et Coronarium* (Antwerp, 1568).［獨度涅烏斯（ドドネウス）『遠西独度涅烏斯草木譜1, 2, 3, 4, 5』（早稲田大学蔵資料影印叢書／洋学篇／第12-16巻）杉本つとむ編／早稲田大学出版部／1997～98年／注：文政4年（1821）年成立刊？／天保13年（1842）再刊？］
5 Matthias de L'Obel, *Plantarum seu stirpium historia* (Antwerp, 1576) and *Plantarum seu stirpium icones* (Antwerp, 1581).
6 Robert Browning, 'Up at a Villa – Down in a City', lines 23-5.［ロバート・ブラウニング『男と女――ブラウニング詩集』「山荘にのぼって――街におりて」大庭千尋訳／国文社／1988年］
7 *I cinque libri di piante* (Venice, *c.* 1560), cited and illustrated in Ruth Duthie, *Florists' Flowers and Societies* (Aylesbury, 1988), p. 67, and ill. p. 62.
8 例としては右記を参照。6枚連作のタペストリー『*The Lady and the Unicorn Tapestry* 貴婦人と一角獣』「*Sense of Hearing* 聴覚」1480年頃，クリュニー美術館所蔵（パリ）；フランドルの画家（作者不詳）『*Virgin and Child Crowned by Angels* 天使に戴冠される聖母子』1490年頃，グルーニング美術館所蔵（ベルギー，ブルッへ［フランス語ではブリュージュ］）。
9 Nurhan Atasoy, *A Garden for the Sultan: Gardens and Flowers in Ottoman Culture* (Istanbul, 2002), p. 126.
10 Osias Busbecq, *Legationis turcicae epistolae quatuor 1554* (Antwerp, 1581), Dash, *Tulipomania*, p.35.［前掲］より引用。
11 Pierre Belon, *Les Observations de plusieurs singularités et choses memorablés* (Paris, 1555), Pavord, *The Tulip*p.58.［前掲］より引用。

12 Florike Egmond, *The World of Carolus Clusius* (London, 2010), p. 19.
13 Ibid., p. 30.
14 *Mira calligraphiae monumenta* (Model Book of Calligraphy) (*c.* 1590), published as *Nature Illuminated* (London, 1997); the tulips appear on 23, 51 and 53ff.
15 Egmond, *World of Carolus Clusius*, p. 95.
16 Ibid., pp. 167-8.
17 Egmond, *World of Carolus Clusius*, p. 143.
18 Ibid., p. 178.
19 John Gerard, *The Herball or Generall History of Plants* (London, 1597), p. 146.
20 Ibid.
21 Richard Hakluyt, *A Brief Remembrance of Things to be Endeavoured at Constantinople* (London, 1581); quoted in Wilfrid Blunt, *Tulipomania* (London, 1950), p. 9.
22 Egmond, *World of Carolus Clusius*, p. 175.
23 Ibid., p. 112.
24 Basilius Besler, *Hortus Eystettensis* (Nuremberg, 1613); facsimile with commentary by K. W. Littger, G. Lorenz and A. Menghini, *Hortus Eystettensis* (Sansepulcro, 2006), pp. 99-105, plates 66-79.[バシリウス・ベスラー『アイヒシュテットの庭園――バシリウス・ベスラー植物図譜精選画集』タッシェンジャパン／2002年]

第4章　チューリップ狂時代

1 Florike Egmond, *The World of Carolus Clusius* (London, 2010), p. 171.
2 Simon Schama, *The Embarrassment of Riches* (London, 1991), p. 350.
3 Nicolaes van Wassenaer, *Historisch Verhael v-ix* (Amsterdam, 1624-5), Dash, *Tulipomania*, p. 93［前掲］より引用。
4 Andrew Marvell, 'Upon Appleton House'.［アンドルー・マーヴェル『アンドルー・マーヴェル詩集』「アプルトン屋敷」星野徹編訳／思潮社／1989年］
5 Sam Segal, *Tulips Portrayed* (Lisse/Amsterdam, 1992), p. 17. For a survey of tulip books, see also Sam Segal, *Tulips by Anthony Claesz.* (Maastricht, 1987).
6 Anne Goldgar, *Tulipmania: Money, Honour and Knowledge in the Dutch Golden Age* (London, 2008), p. 10.
7 Samenspraeken tusschen Waermondt ende Gaergoedt; *these Dutch pamphlets are*

quoted in all works on tulipmania, but most carefully analysed in Goldgar, Tulipmania, p. 173ff.
8 Mike Dash, *Tulipomania* (London, 1999), p. 146［前掲］
9 前掲書
10 Goldgar, *Tulipmania*, p. 3.
11 Dash, *Tulipomania*, p. 146.［前掲］
12 Goldgar, *Tulipmania*, p. 253.
13 William Brereton, *Travels in Holland, 1634-5* (London, 1844), Dash, *Tulipomania*, p. 223［前掲］より引用。
14 John Keast, *The Travels of Peter Mundy, 1597-1667* (Cornwall, 1984), p. 65 (excerpts from travels to Holland in 1639).
15 *Flora's Fools Cap*, scenes from 1637 engraved by Cornelis Danckerts after a painting by Pieter Nolpe, British Museum Department of Prints and Drawing［ピーテル・ノルペ（下絵）／コルネリス・ダンケルツ（彫版）／1637年／大英博物館所蔵］; Anna Pavord, *The Tulip* p. 174 (London, 1999)［前掲］にも掲載されている。

第5章　チューリップと芸術

1 John Rea, *Flora, Ceres and Pomona* (London, 1665), Anna Pavord, *The Tulip* (London, 1999), p119［前掲］より引用。
2 Paul Taylor, *Dutch Flower Painting, 1600-1720* (New Haven, CT, and London, 1995), p. 119;「オランダの花の静物画」の歴史的背景に関しては、テイラーの著作がもっともくわしい。Segal, Sam, Flowers and Nature: Netherlandish Flower Painting of Four Centuries (Osaka, Tokyo and Sydney, 1990)［サム・セガールの展覧会図録『花の系譜――オランダ絵画の400年：ブリューゲルからゴッホ／モンドリアンまで』(1990年に大阪、東京、シドニーで開催)(小林頼子訳・日本語版監修／ハインク・インターナショナル B.V.／1990年)］も同程度の内容を誇る。
3 Cited in Taylor, *Dutch Flower Painting*, p. 116.
4 L. J. Bol, *The Bosschaert Dynasty* (Leigh-on-Sea, 1960), p. 33; Taylor, *Dutch Flower Painting*, pp. 126-8.
5 Taylor, *Dutch Flower Painting*, p. 130.
6 Rembrandt レンブラント『*Saskia as Flora* フローラに扮したサスキアの肖像』1634年作，エルミタージュ美術館，サンクトペテルブルク，同1635年作，

ナショナル・ギャラリー，ロンドン；『*The Anatomy Lesson* テュルプ博士の解剖学講義』1632年，マウリッツハイス美術館，ハーグ。
7 Taylor, *Dutch Flower Painting*, p. 98.
8 Paul Taylor, *Dutch Flower Painting, 1600-1750*, exhibition catalogue (London, 1996), p. 88.
9 Florike Egmond, *The World of Carolus Clusius* (London, 2010), p. 62.
10 John Parkinson, *Paradisi in sole, paradisus terrestris* (London, 1629), p. 45.
11 For further descriptions and images of tiles, tulipières and artefacts with tulip motifs, see Michiel Roding and Hans Theunissen, eds, *The Tulip: A Symbol of Two Nations* (Utrecht and Istanbul, 1993), pp. 25-49.

第6章　チューリップを愛した国々

1 Johann Jakob Walther, *Horti Itzteinensis* (1654-74), two albums in the Victoria and Albert Museum, London, and Bibliothèque Nationale, Paris; plates from the former published in Jenny de Gex, ed., *So Many Sweet Flowers: A Seventeenth-century Florilegium* (London, 1997), pp. 37-45.
2 Henry Peacham, *Book of Emblems* (London, 1612).
3 Robert Herrick, 'The Sadness of Things for Sapho's Sickness' (1648).
4 Alice Coates, Flowers and Their Histories (London, 1956), p. 251.［アリス・コーツ『花の西洋史　草花篇』『花の西洋史　花木篇』白幡洋三郎／白幡節子訳／1989年，1991年／八坂書房］
5 J. Caley, *Archaeologia X* (n.d.), quoted in Miles Hadfield, *A History of British Gardening* (London, 1969), p. 67.
6 Daniel Lyson, *Survey of London* (London, 1792), p. 522.
7 Thomas Hanmer, *Garden Book* [1659] (London, 1933), p. 21.
8 John Evelyn, *Elysium Britannicum* (London, undated), quoted in rudence Leith-Ross, *The Florilegium of Alexander Marshall* (London, 2000), p. 96.
9 John Rea, *Flora, Ceres and Pomona* (London, 1665), Anna Pavord, *The Tulip* (London, 1999) p. 119［前掲］より引用。
10 Leith-Ross, *The Florilegium*, p. 150.
11 Sloane Herbarium, Natural History Museum ms. hs 131-42, see also Douglas Chambers, 'Storys of Plants', *Journal of the History of Collections*, IX/1 (1997), p. 49.
12 Joseph Addison and Richard Steele, *Tatler*, 218 (1710), quoted in Wilfred

Blunt, *Tulipomania* (London, 1950), p. 20.
13 Alexandre Dumas, *The Black Tulip* (1850), chapters Five and Six.［アレクサンドル・デュマ『黒いチューリップ』宗左近訳／東京創元社／1971年，5～6章］
14 Charles de la Chesneé Monstereul, *Le Floriste français* (Caen, 1654), Mike Dash, *Tulipomania*, p. 32 (London, 1999)［前掲］より引用。
15 John Rea, *Flora, Ceres and Pomona* (London, 1665), p. 60.
16 Nicolas Robert, *Florilegium* (pre-1660), mss. Fitzwilliam Museum, Cambridge.

第7章　植物学者と花の栽培家

1 Mrs Delany, diary October 1768, see Mark Laird and Alicia Weisberg-Roberts, *Mrs Delany and Her Circle* (New Haven, ct, 2009), p. 228.
2 Erasmus Darwin, *The Botanic Garden*, part II, *The Loves of the Plants* (London, 1789), p. 21.［E. ダーウィン他著『英国ロマン派幻想集』「植物の愛」荒俣宏編訳／国書刊行会／1984年］
3 John Sibthorpe and Ferdinand Bauer, *Flora Graeca* (London, 1806-40), vol. IV, 329f.
4 Pierre Joseph Redouté, *Les Liliacées* (Paris, 1802-16); partial facsimile, Peter and Frances Mallary, *A Redouté Treasury* (New York, 1986).
5 Robert Thornton, Temple of Flora (London, 1798–1807).［R. J. ソーントン『フローラの神殿』荒俣宏編著／リブロポート／1985年］
6 Samuel Gilbert, *Florists' Vade Mecum* (London, 1682), quoted in Ruth Duthie, *Florists' Flowers and Societies* (Aylesbury, 1988), p. 8.
7 George Harbin, *Memoirs of Gardening* (1716-23), mss. at Longleat; Pavord, *Tulip*, p. 130［前掲］より引用。
8 Philip Miller, 'Gardeners' and Florists' Dictionary' (London, 1724), Pavord, *Tulip*, p. 132［前掲］より引用。
9 Wakefield and North of England Tulip Society, *The English Florists' Tulip* (Wakefield, 1997), p. 8.
10 *Norwich Mercury* (11 July 1829),
11 Details and descriptions in this section are taken from Wakefield and North of England Tulip Society, *The English Florists' Tulip*, pp. 30-35.
12 Thomas Hogg, *A Concise and Practical Treatise* (London, 1820), Pavord, *Tulip*, p. 218［前掲］より引用。

13　*Cottage Gardener* (June 1851), quoted in Wakefield and North of England Tulip Society, *The English Florists' Tulip*, p. 5.
14　G. W. Hardy, 'On Perfection of Form in the Tulip', *Midland Florist* (1847), p. 105; and 'Some of the Chief Properties of the Tulip', *Midland Florist* (1855), p. 135.
15　*Journal of Horticulture and Cottage Gardener* (June 1893), quoted in Wakefield and North of England Tulip Society, *The English Florists' Tulip*, p. 8.
16　*The English Florists' Tulip*.
17　Ibid.
18　Dorothy Cayley, 'Breaking in Tulips', *Annals of Applied Biology*, XV (1928), p. 529; and 'Breaking in Tulips II', *Annals of Applied Biology*, XIX (1932), p. 153.

第8章　プラントハンターと種苗商

1　Henry Elwes, *Gardeners' Chronicle* (July 1882).
2　Henry Elwes, *The Garden* (January 1876).
3　Audrey Le Lievre, 'Max Leichtlin', *Hortus*, v (1988), p. 18.
4　John Hoog on *T. praestans*, *Gardeners' Chronicle*, ser. 3/33 (1903); p. 325.
5　Anna Pavord, *The Tulip* (London, 1999), p. 316.［前掲］
6　John Hoog on *T. greigii*,
7　John Hoog on *T. fosteriana, Gardeners' Chronicle*, ser. 3/39 (1906), p. 322.
8　A. Daniel Hall, *The Genus Tulipa* (London, 1940),
9　Diana Everett, *The Genus Tulipa* (London, 2013), p. 187.
10　Pavord, *Tulip* p. 312.［前掲］
11　Richard Wilford, *The Plant Lover's Guide to Tulips* (London, 2015). This gives the latest classifications of garden tulips, with many illustrations.
12　A. Daniel Hall, *The Book of the Tulip* (London, 1929); Pavord, *Tulip*, p. 349［前掲］より引用。
13　Robert Browning, 'Up at a Villa – Down in a City'［ロバート・ブラウニング『男と女――ブラウニング詩集』「山荘にのぼって――街におりて」大庭千尋訳／国文社／1988年］; Sylvia Plath, 'Tulips' (1961)［シルヴィア・プラス『シルヴィア・プラス詩集』「チューリップ」徳永暢三編・訳／小沢書店／1993年］.

シーリア・フィッシャー（Celia Fisher）
美術史研究と保存修復の世界的権威コートールド美術研究所（ロンドン大学を構成するカレッジのひとつ）で15世紀絵画と写本に登場する花について学び，修士号と博士号を取得。現在はフリーランスの植物美術史家として活躍。キュー王立植物園や多くの美術ギャラリーでコンサルタントも務める。講演や著作多数。おもな著作には本書のほか，『*Flowers of the Renaissance*（ルネサンス期の花）』（2011年）『*Flower: Paintings by 40 Great Artists*（花：40人の偉大な画家が描く）』（2012年）『*The Golden Age of Flowers*（花の黄金時代）』（2013年）『*The Magic of Birds*（鳥の魔術）』（2014年）など。

駒木　令（こまき・りょう）
翻訳家。ポピュラーサイエンスから人文科学，英米文学など幅広い分野の翻訳に携わる。

花《はな》と木《き》の図書館《としょかん》

チューリップの文化誌《ぶんかし》

●

2020年11月30日　第1刷

著者……………シーリア・フィッシャー
訳者……………駒木《こまき》 令《りょう》
装幀……………和田悠里
発行者……………成瀬雅人
発行所……………株式会社原書房

〒160-0022 東京都新宿区新宿1-25-13
電話・代表 03(3354)0685
振替・00150-6-151594
http://www.harashobo.co.jp

印刷……………新灯印刷株式会社
製本……………東京美術紙工協業組合

ISBN 978-4-562-05866-2, Printed in Japan